LASS DIR MA DIE HAARE SCHNEIDEN!

ERINNERUNGEN AUS DEN 50ER UND 60ER JAHREN

VON RONALD M. HAHN
HORST HINRICHS
FRIEDHELM HÜPPOP
ERHARD KNORR
F.P. GUNNAR KOHLEICK
UWE ROTTER
WOLFGANG POHLMANN
HORST PUKALLUS

Edition Köndgen

Edition Köndgen

In der Edition Köndgen erscheinen Bücher und Geschenkartikel über Wuppertal, Schwelm und das Bergische Land. Die vielfältigen Facetten dieser Region werden darin lebendig präsentiert.

Bibliographische Informationen der Deutschen Nationalbibliothek:
Die Deutsche Bibliothek verzeichnet diese Publikation in der Deutschen Nationalbibliographie; detaillierte Daten sind im Internet unter *www.dnb.de* abrufbar.

© Alle Rechte liegen beim Verlag Edition Köndgen und den Autoren. Das Werk einschließlich aller seiner Teile ist urheberrechtlich geschützt. Jede Verwertung außerhalb der engen Grenzen des Urheberrechtsgesetzes ist ohne Zustimmung unzulässig.

© Verlag Edition Köndgen, Wuppertal 2016
© Ronald M. Hahn, Horst Hinrichs, Friedhelm Hüppop, Erhard Knorr, F. P. Gunnar Kohleick, Uwe Rotter, Wolfgang Pohlmann, Horst Pukallus („Unterbarmer Blagen")
1. Auflage 2016
Deutsche Originalausgabe
Gestaltung, Layout & Satz: F. P. Gunnar Kohleick
Lektorat: Friedhelm Hüppop
Fotos (außerhalb privater Bilder der Autoren im jeweiligen Text):
Werner Abé, Lothar Bergmann, Siggi Biecker, Veronika Birkenstock, Ronald M. Hahn, Renate Heibel, Gerd Held, Karl Heinz Linz, Herr Tralala
Druck: BoD GmbH, Norderstedt
Printed in Germany
ISBN 978-3-939843-68-9
www.edition-koendgen.de

Inhalt
Rücksturz in die Vergangenheit
… sowas wie 'n Vorwort   6

Ronald M. Hahn
„Eet deck satt Em Ollen Matt"   14
YESTERDAY   66
P.S. Lass dir mal die Haare schneiden!   73

Horst Hinrichs
Haarige Zeiten   76
1. Dein Stahlhelm ist schon gepresst   76
2. Rock 'n' Roll   78
3. Georgsplatz   82
4. Auf dem Weg zum Nordkap   88
5. Capelloni (Langhaariger)   91
6. No Beatnik, no Hippie, no Gammler   97
Auf in den Irak   102
7. Handschellen   107
8. Viva Germania   110

Friedhelm Hüppop
Meine haarigen 50er und 60er Jahre   118
Hier einige (für mich) bemerkenswerte Ereignisse   118
Vorwort   119
Wie alles anfing …   119
… un so ginget dann weiter …   129
… un weiter …   141

Erhard Knorr
Geh' ma na'm Friseur!   144
Warum ich wurde, wie ich bin … –
ein sehr persönlicher Rückblick!?   144

Vorgeschichte	144
Thema „Lange Haare"	147
Zurück zum Thema	152
Fazit	153

F. P. Gunnar Kohleick
Siehs' aus wie 'n Lude ...	156

Wolfgang Pohlmann
„Wir haben nix gegen lange Haare, nur gepflegt müssen sie sein."	176

Horst Pukallus
Haare zu Bier	184

Uwe Rotter
Die tolldreisten Abenteuer eines Postjungboten in den 1960er Jahren	188

Ronald M. Hahn
Die Bildergalerie: Twist and Shout im Tal der Wupper	198
Die bekanntesten Bands in Wuppertal und Umgebung waren damals ...	200
Hören konnte man sie in folgenden Lokalitäten ...	200

Die Autoren:
Ronald M. Hahn	220
Friedhelm Hüppop	220
Horst Hinrichs	221
Erhard Knorr	221
F. P. Gunnar Kohleick	222
Wolfgang Pohlmann	222
Horst Pukallus	223
Uwe Rotter	223

Rücksturz in die Vergangenheit

Am 2. Januar 2002 schauen sich Ronald und Karin in der Wuppertaler Stadthalle ein Beatles-Musical an.

Die Veranstaltung unterhält sie prächtig, doch weitaus bemerkenswerter ist ein Mann in einem knallblauen Jackett, dem sie unerwartet im Foyer begegnen: Uwe. Sie haben sich seit Jahrzehnten nicht gesehen.

Ich höre euch schon fragen: Wat soll daran bemerkenswert sein, wenn zwei Wuppertaler Nasen sich irgendwo treffen, hm? Hasse nix Interessanteres auf Lager?

Gemach! Um das Bemerkenswerte dieser Begegnung zu verstehen, muss man wissen: Ronald und Uwe sind alte Kumpane. Ronald und Uwe haben früher zusammen Musik gemacht. Ronald und Uwe hatten – und haben – diverse gemeinsame Interessen.

Außerdem hat Uwe für Ronald hochinteressante Informationen auf Lager, die sein Leben *ratzfatz* verändern.

UWE: „Ich mach übrigens wieder Musik."
RONALD: „Echt?"
UWE: „Viele Typen, die wir früher gekannt haben, machen wieder Musik. Manche machen sogar noch *immer* Musik. Zum Beispiel Volker Lieb, Kies Kiesler, Michael Röll, Wolfgang Ulraum, Schimmel und Memphis ..."
RONALD: „Sach bloooß!"
UWE: „Schomma wat vonne Gertrudenstraße gehört?"
RONALD: „Is dat nich aum Ölberg?"
UWE: „Jooo."
RONALD: „Un wat löppt da so?"
UWE: „Da is so'n Beatschuppen. Man geht durch so'n Tor auf 'n Hinterhof. Da geht einmal im Monat die Post ab. Am ersten Freitach im Monat. Wie in den alten Zeiten. Wie im Wilhelmstübchen. Is nur kleiner ..."
RONALD (erinnert sich an die herrlichen Zeiten der 1960er

Jahre; tausend toffe Bilder flackern vor seinem geistigen Auge):
„Erzähl mir *mehr*."
Uwe erzählt ihm mehr. Dann:
UWE: „Wir haben übrigens auch so'n Raum. Im Keller vom alten Arbeitsamt. Inne Hünefeldstraße."
RONALD: „Mann, dat is doch ganz inne Nähe vom alten Lindeschen Eiswerk, wo wir damals ... im Jahre des Herrn ... 1965 ...? Du weißt schon ... unsere ersten Erfolge hatten?"
UWE: „Exakt. Komm doch mal vorbei. Wir üben jeden Freitag, ab 18.00 Uhr, 'ne Büchse Bier steht auch da rum. Wird dir gefallen. Wir spielen nur die Heuler aus der Guten Alten Zeit."
RONALD: „Auch ‚Tell Me'?"
UWE: „Sowieso."
Die Folge ist, dass Ronald, inzwischen 53, jede Menge Grund hat, sich an jene Zeiten zu erinnern, in der er ein Beatle (bzw. Snob) war. Dass er sich fragt, wo, verdammt noch mal, all die Jahre geblieben sind. Dass ihm gar ein Songtext von Eric Burdon einfällt, der da lautet: „When I think of all the good things I've been wasting having good times ..."

Und so taucht er einige Freitage später in der Gertrudenstraße auf und sieht dort all die alten Knochen musizieren, die es schon in den wilden Sechzigern gab: An diesem Abend sind mindestens 20 Musiker im Probenräumchen der Oldie-Band „Talwärts" anwesend. Alle spielen eine Runde.

Boah, ey! Ronald, der die englischen Wörter inzwischen versteht, die er in den 1960er Jahren nur gesungen hat, ist von den Socken. Sein Herz schlägt heftig. Glückshormone werden freigesetzt. Dergleichen hat er seit 1969 nicht mehr erlebt! Seine Helden des Golden Age wirken zwar physisch etwas gesetzter als früher, haben das Feuer aber nicht verloren.

Und so denkt er: Wieso hab ich die letzten 30 Jahre bloß bei mistiger Musik in langweiligen Pinten beim Hälfkenstemmen vergeudet?

Die Begegnung mit den seit Jahrzehnten nicht gesehenen Typen verändert sein Leben: Fortan sieht man ihn freitags regelmäßig im Probenraum bei „Just 4 Fun", wo er den Gitarristen Günther Kuhl mit Fragen löchert wie:

„Wieso hat 'ne Gitarre sechs Saiten, obwohl 'n Gitarrist doch nur vier Finger hat?"

„Warum muss es Barré-Griffe geben? Sind normale Griffe nicht schon schwierig genug?"

„Wie ist es nur möglich, über vier Bünde hinweg zu greifen?"

Günther hat auf alles 'ne Antwort: *„Üben!"*

Und es wird noch schlimmer: Im Alter von 54 Jahren kauft Ronald sich eine Klampfe. Tja, wie der Besuch eines Musicals ein dröges Schriftstellerleben halt so umkrempelt ...

Und als hätte die Begegnung in der Stadthalle einen Schalter umgelegt, läuft Ronald nun alle Nase lang jemand über den Weg, den er seit 1969 nicht mehr gesehen hat.

Einmal steht er einem großen stirnglatzigen Schnauzbart gegenüber ...

UWE: „Kumma, Ronnie, kennze den Typ noch?"
RONALD: „Nä ..." (An den Schnauzbart gewandt): „Sach mal wat."
SCHNAUZBART: „Wat soll ich denn sagen?"
RONALD: „Och! De *Wolfgang!*"

Ein anderes Mal steht Ronald bei einer Talwärts-Session mit einem Neuling am Tresen. Man stellt fest: Beide haben als Kinder im gleichen Eck abgehangen.
NEULING: „Ich hab früher mal gegenüber der Hirsch-Apotheke gewohnt."
RONALD: „Da hat doch auch Jochen Lehmann gewohnt."
NEULING: „Ich *bin* Jochen Lehmann."

Irgendwann steht Ronald am üblichen Tatort (Hünefeldstraße) neben einem paffenden Blonden einem Stehtisch und schlappt sich ein Bierken.

Da sagt der Blonde: „Ronnie?"
Ronnie kuckt ihn sich an und sagt: „Dieter?"
Dieter war mal Drummer bei Action Issue Muddy Waters. Alle kommen plötzlich wieder aus ihren Löchern.
„Wat macht eigentlich Tommy?"
„Der ist 'ne große Nummer in der Jazzbranche. Macht sogar Platten."
„Und Reinhard?"
„Macht nix mehr. Hat aber *auch* Platten gemacht."
„Und wat macht Norbert?"
„Schon lang onger de Ääd!" Hüstel. „Hat abboh davor auch Platten gemacht."
Na, toll! Alle haben Platten gemacht, nur Ronald nicht ... Die Wiedersehensfreude nimmt *trotzdem* kein Ende.
„Dich kenn ich doch auch", meint Kies. „Warst du nich mal 'n Snob?"
„Stimmt. Was macht Memphis?"
„Ist Fernfahrer geworden."
„Sach bloooß."
Irgendwann taucht noch ein Wolfgang auf: Wolfgang Petzold von den Beatkids. „Ey, Wolfgang, ich hab dich viel größer in Erinnerung!"

Wolfgang hat Ronald *überhaupt* nicht in Erinnerung. Erst Wochen später, nach einigem Nachdenken: „Mann, wir waren doch zusammen in der Berufsschule! Ich hatte dich völlig vergessen!"

Tja, wirklich ... Als hätten sie sich alle abgesprochen, wie einst der brave Soldat Schwejk und sein Freund Woditschka: Wir treffen uns „nach der Rente um 3.00 Uhr", möglichst am Ollen Matt.

Wenn sich Leuten begegnen, die sich 30 Jahre und mehr nicht gesehen haben, geht es sofort los: „Weißte noch?"

Wie es früher war? Lumpige 15 Jahre nach Kriegsende? Als wir von Leuten erzogen wurden, die von Leuten erzogen worden waren, die bei den Hohenzollern gefeldwebelt hatten? Von Leuten, die stur wie Panzer waren und den Brüllton noch drauf hatten wie der Sprecher von *Fox Tönende Wochenschau*? Von Leuten, die einem tagein, tagaus mit Sprüchen kamen wie:

„Dat machen wir so! Dat haben wir *immoh* so gemacht!"
„Solang du deine Füße unter *meinem* Tisch ausstreckst, tust du, wat *ich* sage!"
„Um neun Uhr bisse zu *Hause!*"
„Mit *dem* kurzen Rock gehsse mir *nich* vor de Tür!"
„Mach die verdammte *Negomusik* aus!"
„Spuck dat *Kaugummi* aus!"
„An unserer Schule wird *nicht* mit Kugelschreiber geschrieben! Kugelschreiber verderben die Handschrift!"
„An unserer Schule werden *keine* Micky Maus-Hefte gelesen. Durch die Lektüre von Wörtern wie *Ächz, Schnauf, Keuch, Japs* und *Stöhn* verarmt die Sprache der Kinder!"
„Coca Cola gibtet nich! Davon kriegste *Magenbluten!*"
„Du ziehss *keine* Texas-Hose an!"
„Wat sollen denn die *Leute* sagen?"
Und der Klassiker: „Lass dir mal die *Haare* schneiden!"

Ein Trauma! Die Blagen von heute, die mit eigenem Fernseher, eigenem PC und eigenem Smartphone im eigenen Zimmer aufwachsen[1] und als Zehnjährige schon nicht mehr wissen, in welche Länder sie schon *geflogen* sind, leiden höchstens noch unter ihren Schulnoten.

1 Friedrich Engels rotiert im Grabe.

Die ohrenverstöpselten, tätowierten, handyglotzenden, mit 250 g Altmetall im Gesicht rumlaufenden und fabrikationsmäßig zerfetzte Jeans tragende Blagen des 21. Jahrhunderts wissen nicht, durch welche Hölle wir gingen, sobald unser Haupthaar sich dem Hemdkragen näherte! Welche grausigen kulturellen Sitten wir nach der Schule erleiden mussten!

Dass man uns als Vierzehnjährige ins kalte Berufsleben schubste, wo sadistische alte Preußen uns achteinhalb (!) Stunden täglich drangsalierten, ist der jungen Generation heute nur schwer zu vermitteln. Wer sich heute schofel behandelt oder scheel angekuckt fühlt, hat jede Menge Möglichkeiten, sich zur Wehr zu setzen und kann alles einfordern, von dem er glaubt, es stünde ihm zu. Heere von beamteten oder anderweitig staatlich besoldeten Bekümmerfötten stehen bereit, um jedes noch so idiotische Verlangen einzuklagen, und sei es noch bekloppter als die Installation eines Gebetsraums in einer *Schule*.

Für uns Blagen des 20. Jahrhunderts wären die Freiheiten der heutigen Jugend ein reines Utopia gewesen[2].

Wir Blagen des 20. Jahrhunderts hatten keine Lobby. Kein Schwanz hat sich für uns stark gemacht. Wir mussten das Zähnefletschen selbst erlernen.

Vermutlich ist es das, das uns, die wir in diesem Buch von unserer Jugend im Spießerland berichten, miteinander verbindet: Renitenz gegen eine Kultur, die dringend beseitigt werden musste. Wir *mussten* einfach revoltieren!

Natürlich hatten wir auch ein paar Helfer.

Die Beatles zum Beispiel. Als die vier Jungs aus Liverpool auf die Weltbühne traten, wurde alles anders. Sie waren für uns *das* entscheidende Element: Da die Erwachsenen sie angefeindet

---

2 Karl Marx würde, könnte er sich aus dem Grab erheben, heute vermutlich erst mal zum Friseur gehen, weil unsere Enkel unseren Eltern in dieser Hinsicht furchtbar gleichen ...

haben, mussten wir sie verteidigen. Sie haben uns für sich eingenommen. Sie haben uns *geeint*. Sie haben uns maßgeblich zu dem gemacht, was wir heute sind. Gerade deswegen denken wir durchaus auch mit angenehmen Gefühlen an die kalte, graue, ewig verregnete Zeit zurück, in der wir uns von jenen Kräften lossagen mussten, die im frühen 20. Jahrhundert mit Methoden aus dem 19. erzogen worden und geistig auch dort stehen geblieben waren.

Aber natürlich gibt es noch einige andere Dinge, die wir, von unserem mehr oder weniger proletarischen Hintergrund mal abgesehen gemeinsam haben:

Fünf von uns sind Brillenträger: Erhard, Gunnar, Ronald, Uwe, Wolfgang.
Fünf von uns waren im Graphischen Gewerbe tätig: Erhard, Friedhelm, Gunnar, Ronald, Uwe.
Vier von uns sind eifrige Science Fiction-Leser: Gunnar, Hinner, Horst, Ronald.
Zwei von uns sind Science Fiction-Schreiber: Horst P., Ronald.
Fünf von uns können halbwegs ein Musikinstrument bedienen.
Fünf von uns hingen ständig in einem Jugendzentrum ab, in dem wir uns näher kennen lernten: Friedhelm, Gunnar, Hinner, Ronald, Uwe.
Sechs von uns (alle bis auf den zugezogenen Horst P.) sind Wuppertaler.
Sieben von uns (alle bis auf Uwe) sind große Humoristen.
Drei von uns sind übergewichtig: Erhard, Gunnar, Ronald.
Fünf von uns sind geschieden: Erhard, Gunnar, Horst, Uwe, Wolfgang.
Zwei von uns sind Weintrinker: Friedhelm, Ronald.
Zwei von uns sind Antialkoholiker: Erhard, Wolfgang.
Sieben von uns (alle bis auf Uwe) sind ehemalige Raucher.

Vielleicht ist es auch diese Mischung, die uns damals hat rebellieren lassen: Aber ohne die Beatles hätten wir uns vermutlich ganz anders entwickelt ...

Ronnie v. Münchhausen
Wuppertal, am 29.12.2015, 12.48 Uhr

Ronald M. Hahn

„Eet deck satt Em Ollen Matt"

oder:
Wie die Beatles mich vor einer Verbrecherlaufbahn bewahrten

Angefangen hat alles am 20. Dezember 1948.
Hannelörken, auch „dat Bläuken" genannt, brachte mich in Wuppertal zur Welt. Sie war 21 Jahre alt. Harry, mein Vater, war erst 20.

Da Hannelörkens Eltern nicht wollten, dass sie den schwarzhaarigen Schwerenöter heiratete, mussten meine Eltern etwas unternehmen, das ich normalerweise nicht gutheiße. In meinem Fall war es aber toll, dass sie es getan haben. Sonst gäbe es mich nämlich nicht: Sie haben ganz bewusst ein Ding gedreht, das sie dazu zwang, heiraten zu müssen.

Ich verbrachte meine ersten zehn Lebensjahre am Stadtrand, in einer grünen und waldreichen Umgebung, die zum Ortsteil Heckinghausen gehört, an der Forestastraße. Das einstöckige Haus, in dem wir wohnten, Großeltern väterlicherseits gleich nebenan, hat mein Alter eigenhändig gebaut.

Meinen Vornamen verdanke ich dem englischen Schauspieler Ronald Colman, der in dem Film *The Prisoner of Zenda* (1937) die Hauptrolle spielte und meine Mutter schwer beeindruckte. In den 1950er Jahren war mein Name so selten, dass alle, die ihn hörten, ihn prompt missverstanden.

Dies rief immer meinen Unmut hervor. Eines Tages, ich saß unterm Tisch, hörten meine Eltern mich vor sich hin brabbeln.
„Na, mein Kleiner, wie heißt du denn?"
„Ronald."
„*Roland?*"

*Hannelörken und Ronnie 1955
auf der Weihnachtsfeier der Firma Schlaraffia*

„Nein, *RONALD!*"
„Ronald? Das ist aber ein schöner Name."

Das Gelände, auf dem wir wohnten, gehört heute einem Kleingartenverein. In den Jahren nach dem Krieg standen dort etwa 30 „Behelfsheime", in denen Menschen wohnten, die bei einem Luftangriff auf Wuppertal (1943), ausgebombt worden waren. Zu ihnen gehörten auch meine Großeltern mit ihren drei Kindern, von denen mein Vater der Älteste war. Peter, sein kleiner Bruder, war drei Jahre älter als ich, aber trotzdem mein Onkel, was ich ungemein witzig fand. Edelgard, die Schwester der beiden, war zehn Jahre älter als ich und fuhr mich gern mit dem Kinderwagen spazieren, was ich ihr hoch anrechne, denn sonst hätte ich wohl nicht viel von der Welt gesehen.

Dass sie mit 21 Jahren in die USA emigrierte, fand ich ziemlich schofel, weil ich insgeheim damit gerechnet hatte, sie würde mich irgendwann heiraten. Auch ich wäre gern ausgewandert, weil ich Cowboy werden wollte. Außerdem war Amerika damals das Land der Träume aller Burschen meines Alters.

Wir lebten das simpel gestrickte Nachkriegsleben mit Kohleofen und Plumpsklo. Im Winter war die Bude eiskalt. An den Fensterscheiben wuchsen Eisblumen. Telefon und Fernseher gab es nur in utopischen Romanen, von deren Existenz ich aber noch nichts wusste. Dafür hatten wir ein Radio, das neben finsterer Musik oft Kriminalhörspiele sendete, in denen ein Detektiv namens Paul Temple, dessen Gattin eigenartigerweise Steve hieß, verzwickte Fälle löste. Das Licht wurde abends immer erst eingeschaltet, wenn man absolut nix mehr sah. Ich glaube, in dieser Zeit habe ich keinen Satz so oft gehört wie „Wir müssen Strom sparen."

Unsere Eltern mussten bekanntlich auch im Winter in kurzen Hosen barfuß sieben Kilometer bis zur Schule laufen. Ganz so schlimm war's bei uns nicht: Schuhe waren schon erfunden.

Neue bekam man allerdings nie zu Gesicht: Ich kriegte meine Schuhe immer von Onkel Peter geschenkt. Der hatte sie ein Jahr zuvor von Rainer übernommen, seinem ein Jahr älteren Vetter ...

Wir mussten tatsächlich zwei Kilometer bis zur Volksschule Meyerstraße laufen, in der unser cholerischer Rektor Otto Rissmann das Zepter schwang. Im Winter war es morgens immer stockdunkel.

Opa Alfred, der Eisenbahner, baute in seinem Gärtchen Bohnen, Salat und Erdbeeren an. Opa Willi (mütterlicherseits), war sogar Gärtner von Beruf und kelterte in großen grünen Glasbehältern Wein! Er und Selma, seine Gattin, arbeiteten in der Wettiner Straße für eine Fabrikantengattin namens Resi, deren Familie den weltberühmten Kobold-Staubsauger produzierte.

Resi hatte zwei toffe Töchter namens Verena und Angela. Sie waren ungefähr in meinem Alter[1]. Wenn ich in ihrer riesigen Villa zu Gast war, durfte ich mit ihrem vierstöckigen Puppenhaus und ihren putzigen Dackeln Bums und Bautz spielen. Die Mutter der Mädchen war für meine Entwicklung sehr wichtig, weil sie mir mit den Worten „Ronald, du interessierst dich doch für solche Viecher" mein erstes Buch schenkte.

Den Titel hab ich leider vergessen, aber es hat meine Phantasie sehr angeregt. Ich weiß aber, dass es von kauzigen Viechern wimmelte, die in einer phantastischen Welt komische Dinge erlebten. Vermutlich war es ein *Mecki*-Buch.

Ich war ja schon als Köttel eine echte Leseratte. Meiner Familie war das nicht geheuer, vielleicht auch deswegen, weil ich mich nie für das erwärmte, was für Jungs meines Alters interessant war: Ich gewann weder elektrischen Eisenbahnen noch

---

1 Wie ich Jahrzehnte später erfuhr, gingen die Mädchen mit Wolfgang Pohlmann zur Schule, der ebenfalls in diesem Buch über sein Leben plaudert. Wie klein doch die Welt ist, nich?

Dampfmaschinen oder Stabilbaukästen etwas ab. Fußball und alle anderen Sportarten waren für mich todlangweilig und reine Zeitverschwendung.

Ich spielte lieber mit Knetmasse, aus denen ich Landschaften baute, in denen Knetmassenmännchen und Plastikfigürchen all die tollen Abenteuer erlebten, die ich selbst gern erlebt hätte. Angeregt wurde ich auch durch die entsprechenden Schundhefte meines Vaters, die ihm ein Fachmann eingebunden hatte, sodass sie von außen stinkseriös wirkten. Ich nutzte jede freie Minute zum Schmökern. Das Alphabet konnte ich mit fünf Jahren runterbeten. Ich fing auch – irgendwie über Nacht – von allein an zu lesen.

Ich höre mich noch heute mit einem Micky Maus-Heft in der Hand „Mami, wie liest man eigentlich?" sagen.

Hannelörkens unvergessene Antwort: „Du musst die einzelnen Buchstaben nur hintereinander aussprechen."

Ich wusste sofort, was sie meinte. Und so hab ich es dann auch gemacht. Je mehr Wörter ich verstand, umso schneller pochte mein Herz. Mein erster Lesestoff waren Micky Maus-Hefte, die meinem Freund Päule gehörten. Päule war, wie ich, ein großer Phantast vor dem Herrn. Er war ein Jahr älter, hatte wegen einer Tbc-Erkrankung lange Zeit im Krankenhaus verbracht und saß deswegen mit mir in einer Klasse. Da die Texte in den Textblasen der ersten Micky Maus-Hefte nur aus Großbuchstaben bestanden, konnte ich anfangs auch nur Großbuchstaben lesen. Als ich in die Schule kam, stand ich schön doof da. Ich hab die Kleinbuchstaben aber relativ schnell gelernt, und weil ich so toll vorlesen und fehlerfrei schreiben konnte, musste ich auch ständig meine Aufsätze vorlesen.[2]

---

[2] Es klingt vielleicht so als wollte ich hier strunzen, aber um der Wahrheit die Ehre zu geben: Deutsch war so ziemlich das einzige Fach, in dem man mich als Vorbild hinstellte. In allen anderen Fächern war ich nur Durchschnitt oder Lusche, und daran hat sich auch später nix geändert.

Beim Lesenlernen musste ich erst mal kapieren, dass der „Oonkeel" eigentlich der *Onkel* war. Ich lernte auch, dass mir manche Wörter nur unverständlich waren, weil ich sie nie richtig ausgesprochen gehört hatte: Ich erkannte zum Beispiel das Wort *Hotel* nicht, weil ich glaubte, es müsse *Otell* heißen. Als Daisy Duck es verwendete, sprach ich es zuerst wie „Hottel" aus.

Die Villa Foresta, in den 1950er Jahren ein wichtiger Lebensmittelpunkt

Ich erinnere mich sehr gut daran, wie es dann *Klick* machte und ich raffte, was wirklich gemeint war. Sprachen haben mich schon als Kind interessiert. Hätte ich die Wahl zwischen einem Buch und einer Tafel Schokolade gehabt, hätte ich das Buch vorgezogen: Schokolade war im Nu verputzt, ein Buch unterhielt mich viele Stunden. Beim Schmökern legte ich nie Pausen ein. Wenn ich ein Buch aufschlug, las ich es, ratzfatz, bis zum Ende.
Ich fragte mich ständig, was das wohl für Menschen sind, die Romane schreiben. Die meisten Autoren erfinden ihre Geschichten

ja nur, doch Jack London, mein erster literarischer Held, schrieb auch oft in Ichform über sein Leben. Ich sah ihn in *König Alkohol* genau vor mir, wie er als kleines Bürschlein und Halbwüchsiger sein Leben meisterte, wie er als Austernräuber schräge Dinge drehte und schließlich die Bücher entdeckte, die ihn mit neuen Welten bekannt machten.

Ich zog Parallelen zu meinem Leben und bekam schon mit acht Jahren große Lust, es ihm irgendwann gleichzutun. Wie Verlage arbeiten, erfuhr ich aus seinem autobiographischen Roman *Martin Eden*.

Ich begriff, dass ich es Martin nur nachmachen konnte, wenn ich 'ne ordentliche Bildung hatte. Und Bildung, das wusste ich auch, kriegt man, indem man viel liest und sich Dinge fragt, die sonst keinen Schwanz interessieren. Wenn mir jemand erzählte, er läse gerade ein Buch, war meine erste Frage immer: „Wer hat es geschrieben?"

Kaum jemand konnte die Frage beantworten. Ich fasste es nicht! Die Leute achteten einfach nicht auf sowas! Und das, obwohl der Name des Autors auf dem Umschlag stand![3] Mich interessierte auch, wer die Bücher auf den Markt brachte. Ich schaute mir jedes Impressum an, stieß auf mir unbekannte Wörter wie „Verlag", „Lektorat" und „Redaktion" und versuchte in Erfahrung zu bringen, was sie bedeuteten.

Als ich 14 war, stieß ich in einem utopischen Roman auf eine Annonce, die auf einen „Science Fiction Club Europa" hinwies. Der Vorsitzende war kein Geringerer als Clark Darlton,

---

3 Eine witzige Ausnahme war Päule. Mit dem stand ich, elf oder zwölf Jahre alt, vor dem (nicht mehr existierenden) Kiosk am Schwebebahnhof Oberbarmen. Wir begutachteten die im Schaufenster aushängenden Heftchen, zu denen auch eins der Reihe *Terra Utopische Romane* gehörte. Unter dem Reihentitel stand außerdem Science Fiction, was Päule zu der Bemerkung veranlasste: „Ah, Sense Fitschiton! Der schreibt die fast alle!"

ein Schriftsteller, von dem ich einiges gelesen hatte. Ich schickte eine Postkarte nach Irschenberg, wo er wohnte, und bekundete Interesse an einer Mitgliedschaft. Als Clark Darlton mir, inzwischen umgezogen, aus dem fernen Salzburg tatsächlich antwortete, kam ich mir vor wie in den Adelsstand erhoben.

Ronnie (links) und Dieter Hardt (beide 15), sitzen auf der Rathaustreppe und träumen von der Bühne, die sie kurz darauf betreten ...

Als echter Bücherwurm habe ich damals auf viele Zeitgenossen bestimmt ziemlich abgehoben gewirkt. Da mein Zinken ständig in einem aufgeschlagenen Buch steckte und ich jede Gelegenheit nutzte, mich vor weltlichen Aufgaben zu drücken, fehlen mir heute viele Kenntnisse, die andere Jungs haben, etwa der Umgang mit Werkzeugen. Ich hab mich nie für Bohrmaschinen oder Autos interessiert. Auch nicht für Brett- oder Kartenspiele. Wenn ich nicht gerade schmökerte, plante ich meine fraglos ruhmreiche Zukunft als Schriftsteller.

Irgendwann machte mich mein nicht der Norm entsprechendes Verhalten *verdächtig*.

Zwischen dem 14. und 15. Lebensjahr war ich fast täglich zu Gast im „Keller". Der „Keller" befand sich im CVJM-Gebäude an der Adlerbrücke. Heinz Berthold, damals Sozialarbeiter im Dienst der Evangelischen Kirche, hatte ihn Ende der 1950er Jahre als Jugendtreff ins Leben gerufen. Er wollte die Halbstarken von der Straße holen, die nach Feierabend paffend an den Unterbarmer Straßenecken standen, und sie vielleicht auch dazu bewegen, hin und wieder mal in die Kirche zu gehen.

Heute kann man es sich kaum noch vorstellen, aber vor Heinz war noch nie jemand auf die Idee gekommen, dem Wuppertaler Jungproletariat 'ne Freizeitperspektive zu geben. Den Lederjacken tragenden Halbstarken der späten 1950er Jahre wäre es nämlich nie eingefallen, ihre Freizeit in einem Laden wie dem CVJM zu verbringen, wo nur von Betbrüdern beaufsichtigte Streber verkehrten, die nicht mal wussten, wer Elvis Presley war.

In diesem Keller traf sich also der eher unangepasste Teil der Wuppertaler Jugend, paffte Zigaretten, kloppte 'ne Runde Skat und frönte dem Tischtennis- und Kickerspiel.

Als ständig gegen den Strom schwimmender Chaot fand ich auch Tischtennis und Kicker zum Gähnen. Mich interessierten Bücher und Menschen, was man mir aber nicht unbedingt ansah, denn rein äußerlich unterschied ich mich mit meinem Pomadekopp nicht von den Halbstarken dieser Zeit ... von der Brille mal abgesehen.

Wenn ich mal ohne Gesprächspartner im Keller saß, paffte ich 'ne Zigarette und wartete auf Uwe, einen der wenigen Typen, die meine verschrobenen Interessen teilten. Meine Unangepasstheit erweckte irgendwann Heinzens Argwohn, sodass er mich irgendwann aus heiterem Himmel in einen hübsch möblierten Konferenzraum ins Parterre hinauf bat.

Als er mir eröffnete, dass er sich Sorgen um mich machte, da ich nie kickerte oder Tischtennis spielte, mich für gefährdet hielt, war ich völlig von den Socken. Er mutmaßte, dass jemand, der nur rum sitzt und vor sich hin denkt, möglicherweise sinistre Pläne wälzt: Pläne, die ihn vielleicht sogar mit dem Gesetz in Konflikt bringen konnten.

Ich war fassungslos. Ich war empört. Meine Reaktion fiel ziemlich unwirsch aus: Ich machte Heinz klar, dass meine Innenwelt ihn einen feuchten Kehricht zu interessieren hatte; dass mich das, womit sich die restlichen Kellerbesucher beschäftigten, nicht interessierte; dass ich ihre Freizeitbeschäftigungen für puren Kinderkram hielt; dass meine Interessen kulturell wertvoller waren als der Pipifax, mit dem die anderen meiner Meinung nach ihre Lebenszeit verplemperten.

Damals war es mir nicht bewusst, aber ich muss als fünfzehnjähriger Bönsel wohl reichlich überheblich geklungen haben ... Da ich nicht bereit war, das Kind zu sein, das ich laut Heinz sein musste, gab bald ein Wort das andere, und am Ende der Diskussion kriegte ich vier Wochen Hausverbot. Das war ein schöner Mist, aber ich hab es überlebt ...

Es gab noch einen Zwischenfall, bei dem Heinz eine Rolle spielte. Ich habe ihn in dem Buch *Unterbarmer Blagen (2013)* kurz erwähnt ...

Ich zitiere mal einen Abschnitt. Es geht darum, dass man, wenn man sich als Fünfzehnjähriger in Kneipen rumtreibt, gut beraten ist, wie sechzehn auszusehen oder ein Papier zu besitzen, das bescheinigt, dass man sechzehn ist.

So ein Papier, dachte ich damals, kann man sich auch selbst machen. Immerhin war ich Schriftsetzerlehrling. Ich zitiere:

„Um eine Schriftsetzerlehre zu absolvieren, musste man Augenmaß haben. Mit diesem Augenmaß, einer guten Schreibmaschine, einem Radiergummi und einem braunen Zeichenstift gelang es un-

serem Jüngling, jedermann im Tal zu foppen, der Kraft seines Amtes das Recht hatte, Ausweise einzusehen.

Wie er das gemacht hat? So: In den alten Zeiten sah der BRD-Personalausweis nicht wie eine Kreditkarte aus, sondern wie ein dreimal gefalzter graubrauner Wachstuchlappen. Dieser Wachstuchlappen wurde von einer Amtsperson mit der Schreibmaschine ausgefüllt und sah, da nicht jede Amtsperson mit einem solchen Gerät umgehen konnte, entsprechend aus. Unser mit dem Augenmaß ausgestatteter Jüngling sagte sich: Ich habe alle nötigen Zutaten, um einen Personalausweis zu fälschen, also mach ich das mal. Wenn es schiefgeht, fliegt er in den Ofen und du besorgst dir einen neuen.

Die Sache war ganz einfach: Unser Jüngling radierte in der Spalte, in der sein Geburtsjahr stand, die „1948" einfach aus. Auf dem Wachstuchlappen war das eine Kleinigkeit. Anschließend wurde der vom Radiergummi leicht aufgehellte Untergrund mit dem Braunstift verdunkelt. Der Wachstuchlappen wurde in die Schreibmaschine eingespannt. Was nicht ganz einfach war, da die Nieten, die das Porträtfoto festhielten, nicht so richtig um die Walze flutschen wollten. Mit etwas Geduld und Spucke wurde aber auch dieses Problem gelöst.

Danach kam das Schwierigste: Die Zahl 1947, die den Jüngling um ein Jahr älter machen sollte, musste auf der gleichen Höhe stehen wie sein Geburtsdatum, der 20. Dezember. Auch dies wurde unter Einsatz des Augenmaßes bewerkstelligt. Unser Jüngling nahm genau Ziel, tippte die „1947" dorthin, wo sie stehen musste, zog den Lappen aus der Maschine und hatte so erfolgreich die erste Straftat seines Lebens begangen, die aber zum Glück verjährt ist.

Mit diesem Ausweis durfte ich im CVJM-Keller so viele Kippen paffen, wie ich mir leisten konnte, denn damals durfte man ab sechzehn qualmen. (Ich bin übrigens mit dem manipulierten Lappen nie aufgefallen, da ich mit fünfzehn wie siebzehn aussah[4].)

Leider wurde ich kurz vor meinem 16. Geburtstag von dem Neidhammel Rainer Biskup in die Scheiße geritten: Eines Tages stand er mit einer Fluppe im Mund im Keller und begegnete unverhofft Heinz Berthold.

Ich saß, die Nase vermutlich in Ray Bradburys *Fahrenheit 451* vertieft, nur drei Meter von den beiden entfernt, aber ich hörte Heinz sagen: „Rainer, du machst *sofort* die Zigarette aus! Du bist noch keine sechzehn!"

Ich nuckelte sorglos an einer Peter Stuyvesant, als ich Rainer rotzfrech antworten hörte: „Wieso *dat* denn? Der Hahn *schmookt* doch auch!"

„Der *ist* auch sechzehn!", erwiderte Heinz aufgebracht. „Du machst jetzt sofort die Zigarette aus!"

„Wat?", nölte Rainer. „Der Hahn ist *sechzehn*? Der war doch in meiner Klasse! Der *kann* keine sechzehn sein!"

Heinz: „Ich hab seinen *Ausweis* gesehen!"

Und Rainer, der Oberblödmann: „Dann hat er seinen Ausweis gefälscht!"

Ich wusste nicht, was ich machen sollte: Vor Scham auf der Stelle tot vom Stuhl fallen oder dem Arsch die Fresse polieren.

Heinz schaute mich an, runzelte die Stirn und sagte: „Ronald, komm bitte mal mit nach draußen."

Ich erdolchte Rainer im Vorbeigehen mit Blicken und folgte Heinz ins Freie. Mir schwante Fürchterliches.

Vor der Tür des CVJM, dem Schwebebahnhof Adlerbrücke genau gegenüber, standen wir auf dem Gehsteig. Vor uns: Ein rostiger Kanaldeckel.

Heinz schaute mich an. „Ronald, hast du deinen Ausweis gefälscht?"

---

4 Es gab eine Ausnahme. Als ich Karin vor dem Casino-Kino kennen lernte und sie fragte, wie alt sie mich denn schätzt, sagte sie knallhart: „Fuffzehn." Das war vielleicht ein Frust.

Ich: „Ähm ..."

Heinz: „Wenn ja, gib ihn sofort her. Wir verbrennen ihn und werfen die Asche in den Kanal dort. Du meldet ihn als verloren, und wir sprechen nie wieder darüber."

Wenn man Karin glaubt, hab ich mehr Fehler als Vorzüge, aber eins kann mir garantiert nicht nachsagen: dass ich ein guter Lügner bin.

Ich gestand Heinz sofort alles. Ich übergab ihm den Ausweis. Er setzte ihn in Brand, vermutlich sogar mit meinem Feuerzeug, denn Menschen wie Heinz Berthold rauchen nicht. Die Asche landete im Kanal.

Im Nachhinein war Rainer sein Auftritt mordspeinlich. Er hat einfach drauflos geplappert, ohne zu überlegen, was er damit lostreten könnte: Meine Untat war ja keine Kleinigkeit.

Ich hab bis heute nicht vergessen, wie tief mir das Herz in die Hose rutschte, als ich ihn seinen entscheidenden Satz sagen hörte.

Warum hab ich nicht gesagt: „Was redest du da, du Blödmann?! Ich bin doch erst in der fünften Klasse in eure Schule gekommen! Woher willst du wissen, ob ich nicht mal sitzen geblieben bin?"

Solche Antworten fallen einem immer erst ein, wenn es zu spät ist. Ist es nicht toll, wie schlagfertig Roman- und Filmhelden in vergleichbaren Situationen sind? Tja, die brauchen nicht selbst zu denken. Alles, was sie reden, hat sich zuvor ein Autor für sie ausgedacht.

An einem winterlichen Nachmittag, es war schon dunkel, stromerten wir zu viert oder fünft über den Werth. Angesichts des feuchtkalten Wetters auf dem Geschwister-Scholl-Platz kam jemand auf die Idee, wir sollten uns das Haus der Jugend doch mal von innen ansehen.

Keiner von uns war je in dem Gebäude drin gewesen. Wir hatten keine Ahnung, welche Art „Jugend" in dem ziemlich protzig wirkenden Haus verkehrte.

Nur Rolf, ein eher untypischer Siegesstraßen-Gymnasiast, der sich mehr für die Rolling Stones als für das Gaußsche Eliminationsverfahren interessierte, wusste, dass dort einige Streber seiner Penne verkehrten. Er war nicht sonderlich scharf darauf, ihnen auch in der Freizeit zu begegnen, aber wir anderen wollten mal kucken, ob man dort vielleicht auch „scharfen Kanins[5]" begegnete.

Wir gingen also rein, Ronald Großmaul vornweg, und trabten zur Anmeldung.

Ein junger, beamtenhaft wirkender Hänfling und ein weißhaariger alter Zausel, der so aussah, wie ich mir unseren Schulrat vorstellte, beäugten uns argwöhnisch durch ein Fensterchen und fragten nach unserem Begehr.

Was unsereins nicht wusste: Das Haus der Jugend war Mitte der 1960er Jahre so 'ne Art Freizeitheim für die Kinder der Wuppertaler Elite. Der Laden wurde von stockkonservativen Kräften geleitet, und als ich den abschätzigen Blick des alten Zausels sah, wusste ich, dass wir keine Chance hatten, dort rein zu kommen. Und so war es auch: Man wimmelte uns ab, log uns vor, dass das (totenstille und fast leere) Haus wegen „Überfüllung" keine „Mitglieder" mehr aufnähme.

Für mich stand fest: Proletenpack unserer Art wollte man in der ehemaligen Ruhmeshalle nicht sehen.

Wir gingen ziemlich belämmert raus und diskutierten das schofle Verhalten des Zausels in der Kälte. Da wir nicht doof waren, zogen wir den Schluss, dass unser uniformer Aufzug (Jeans-

---

[5] Als scharfe Kanins bezeichneten wir damals hübsche Mädchen. Weniger hübsche Mädchen, ich wag es kaum hier hinzuschreiben, wurden hingegen Schnepfen genannt.

hosen, Jeansjacken, Beatlesstiefel, etc.) uns zu etwas machte, das kein Umgang für die im Haus der Jugend verkehrenden Streber war. Man lehnte uns ab, weil wir wie Halbstarke aussahen; weil man vermutete, dass wir, wenn wir erst mal in dem Haus drin waren, irgendwann Ärger machen würden. Die Stammgäste gehörten nämlich zur gymnasialen und studentischen Kniebundhosen-, Lodenmantel- und Baskenmützen-Fraktion und waren pfeiferauchende Jazzfans, denen die Musik der vier Liverpooler Proleten noch nicht untergekommen war.

Wir waren damals so brav und angepasst, dass wir nicht mal auf die Idee kamen „Diskriminierung!" zu schreien: Da war jemand (der alte Zausel), der das Hausrecht hatte. Da war jemand, der bestimmen konnte, wer ins Haus kam und wer draußen blieb. Wir bestanden nicht darauf, zur Wuppertaler Jugend zu gehören, weil wir nicht mal wussten, wer das Haus der Jugend betrieb und dass dort eigentlich jeder Zutritt hatte.

Wir rafften aber, dass es ein Fehler gewesen war, im Rudel aufzutreten, und dass es besser war, uns den Strebern äußerlich anzupassen.

Eine Woche später schlichen wir uns einzeln im Sonntagsanzug rein und kriegten problemlos 'ne Mitgliedskarte.

Das Wichtigste war: Wir kriegten Zutritt zum Fernsehraum, in dem man paffen durfte! Der Fernsehapparat war die Sensation, denn er konnte das Dritte Programm empfangen!

Wir waren begeistert. So einen Apparat hatte zu Hause keiner von uns.

Wir freundeten uns in dem nie mehr als ein Dutzend Tischtennisspieler beherbergenden Haus mit dem Nachwuchs der Wuppertaler Eliten an. Der war sehr gut erzogen und hat uns, die angehenden Helden der Arbeiterklasse, nie diskriminiert.

Im Sommer 1964 waren wir Stammgäste im Haus der Jugend. An einen Abend erinnere ich mich besonders: Die Beatles traten im niederländischen Fernsehen auf, und das Dritte Programm

(WDR) übertrug die Sendung. Die Beatles legten mit „She Loves You" los, und wir hatten vor Begeisterung alle rote Öhrkes, nicht nur die Mädels. Dass die Jungs aus Liverpool nur einen Playback-Auftritt hinlegten, war niemandem bewusst. Dass der erkrankte Ringo Starr durch einen Pseudo-Pilzkopp namens Jimmy Nichols ersetzt worden war, fanden wir freilich ätzend.

Unser außerplanmäßiger Vorstoß hat in dem bis dahin öden Streber-Palast aber viel verändert. Natürlich erzählten wir rum, dass das Haus der Jugend gut beheizt war, dass im Fernsehraum Polstermöbel standen und der Fernseher das Dritte empfangen konnte. Wir nahmen immer mehr Jugendliche aus unseren Kreisen mit ins Haus und erfüllten die zuvor stille Bude mit Leben. Wir eckten auch nie an, denn abgesehen von unserem ehemals rockerhaften Äußeren waren auch wir mehrheitlich volksschulgebildeten Burschen durchaus kulturell interessiert und wussten uns zu benehmen. Die meist ein, zwei Jahre älteren Mädels nahmen uns durchaus zur Kenntnis, sodass es zu manchem fruchtbaren Gespräch kam. Die im Haus verkehrenden männlichen Jazzer sahen uns auch nicht als Bedrohung oder gar als Konkurrenz, sodass wir locker mit ihnen auskamen. Im Lauf der Monate passierte aber etwas, das ich anfangs für unmöglich gehalten hatte: Der einstige Elite-Schuppen öffnete sich schrittweise der Allgemeinheit und irgendwann auch der jungen Wuppertaler Musikszene. Bald traten einheimische Beatles-Epigonen – auch ich – von Teenies bejubelt und beklatscht, im ersten Stock im Großen Saal auf.

Die Verhältnisse änderten sich schnell. Wir waren sechzehn, siebzehn Jahre alt. Zwanzig Jahre zuvor hatte die Welt Krieg geführt, auch bei uns im Tal, wo es noch Trümmergrundstücke gab und drei, vier Jahre zuvor an der Höhne und am Alten Markt noch meterhohes Unkraut gewuchert hatte.

Für die Erwachsenen war das alles erst wenige Jahre her. Die ältere Generation, nach den Prinzipien von Befehl und Gehorsam erzogen, brauchte 'ne Weile, bis sie schnallte, dass der militärische Brüllton nur Bockigkeit erzeugte.

Für mich hatte der Krieg kurz nach Julius Cäsars erster Erektion stattgefunden. Ich fragte mich, wieso in den Kneipen meiner Stadt so viele Säufer rum saßen, die immer nur vom Krieg redeten. Dass sie traumatisiert waren, wusste keiner von uns; wir wussten ja nicht mal was traumatisiert heißt.

Mir ging vor allem eins auf den Sack: dass man uns alles verbot; dass man uns alles *mies* machte und jede Neuerung strikt ablehnte. Es hat lange gedauert, bis ich kapierte, dass das ständige Verbietenwollen und Miesmachen einer anderen Kultur vom Hass auf die Sieger diktiert wurde. Es fing bei den „Texashosen" (Jeans) an und erstreckte sich übers Kaugummi und die Cola, von der man „Magenbluten" kriegte, bis hin zur englischsprachigen Musik. Im Fernsehen lief sonntags die (amerikanische) „Perry Como Show", die der Schauspieler Heinz Piper stets mit den Worten ankündigte, dass die Zuschauer „die Perry Como nicht sehen möchten, den Fernsehapparat bitte abschalten" sollen.

Häh? Ich war elf oder zwölf, aber als ich das hörte, hab ich mich gefragt, wer beim deutschen Fernsehen einen Dachschaden hat. Außer mir gab es niemanden, der Pipers Ansage eigenartig fand und wissen wollte, was sie zu bedeuten hatte.

Als 1965 der Beat-Club ins Fernsehen kam, fiel die Ansage ziemlich ähnlich aus: Man bat die Erwachsenenwelt um Nachsicht, da sie gleich etwas Schockierendes sehen würde! Na, was wohl? Langhaarige Jungs! Bäh!

Hinter dem Spießertum dieser Zeit lauerte noch immer der Hass auf den Ami und den Tommy, die den Nazis die Fresse poliert und unserer Großelterngeneration klar gemacht hatten, dass sie Verbrechern auf den Leim gegangen war. Die USA-

Jugendlektüre der 1960er Jahre

Feindlichkeit war damals fast so übel wie heute, wo die gegenwärtig den Ton angebende Generation, deren Wortschatz zwar zu 50% aus pseudoenglischem Geschwafel besteht, bei jeder Gelegenheit mit der Hochnäsigkeit salonbolschewistischer Privatschüler über die „Yankee-Unkultur" lästert.

Wir Bengels der Nachkriegszeit hatten keine Vorurteile. Was uns gefiel, nahmen wir an. Wir gingen in Western-Filme, lasen die von unseren Paukern verteufelten Tarzan-Hefte, hörten Platten der Everly Brothers, kauften uns für'n Groschen 'ne Heinerle-Wundertüte, weil die schon mal Akim- oder Sigurd-Hefte enthielten oder schmökerten in Abenteuer-, Kriminal- und Science Fiction-Romanen aus den Leihbüchereien in der Farbmühle und an der Adlerbrücke.

Mir ist nie jemand begegnet, der sich das Zeug selbst kaufen konnte. Irgendwie waren die Hefte aber immer bei jemandem vorhanden. Jeder dritte Junge meines Alters hatte einen fünf Zentimeter hohen Heftchenstapel zu Hause rumliegen.

Niemand ging davon aus, dass er das Zeug, wenn er es verlieh, je wieder sah. Warum auch? Um es noch mal zu lesen? War ein Heft gelesen, gab man es weiter, so war die Welt. Kein Mensch wäre auf die Idee gekommen, sowas zu sammeln.

Natürlich gab es Ausnahmen: Verschrobene Typen wie mich.

Bedrucktes Papier konnte ich nie wegwerfen. Ich fraß das Zeug. Ich stapelte es zu Hause.

Ich ging gern für die Damen im Haus einkaufen. Was ich dabei verdiente, gab ich, sobald sechs Groschen zusammen waren, für das neue *Terra*-Heft aus.

Die *Terra*-Hefte erschienen wöchentlich im Moewig Verlag, München. Ich kaufte sie an dem Kiosk, dem „Casino" gegenüber, einem 1961 gebauten und 1971 schon platt gemachten Kino an der Ecke Friedrich Engels-Allee/Loher Straße. In dem Büdchen saß ein gehörgeschädigter junger Mann, der erwachsen auf mich wirkte, aber wahrscheinlich erst sechzehn Jahre alt war. Er interessierte sich auch für das Zeug. Gelegentlich erstand ich auch ein *Utopia*-Heft aus dem Pabel Verlag in Rastatt, aber diese Reihe war immer drei Nummern schrottiger als *Terra*. Beide Reihen gab es auch in Form von „Großbänden", die umfangreicher und besser waren, aber eine Mark (!) kosteten, für unsereinen ein Vermögen.

Fast alle meine Schulfreunde lasen Comics oder Wildwest- und Krimiheftchen. Die Existenz von Science Fiction-Literatur war den meisten jedoch unbekannt. Als typischer SF-Spinner war ich anfangs natürlich auch missionarisch tätig: Ich tat alles, um meinen *Akim* und *Sigurd* lesenden Mitschülern klar zu machen, dass Science Fiction-Romane bildend[6] waren und in einem Terra-Heft viel mehr Abenteuer und Wunder vorkamen als bei Tarzan, der sich immer nur von einer Liane zur nächsten durch den Urwald hangelte und irgendwelchem Kroppzeug das Handwerk legte.

Günter Stursberg und Hans-Walter Reuter konnte ich zwar bewegen, mal einige *Perry Rhodan*-Hefte zu lesen, aber ob sie dabei geblieben sind, weiß ich nicht: Beide sind nie zu einem Klassentreffen gekommen. Vielleicht befürchteten sie auch, mir dort zu begegnen …

---

[6] Im Alter von 13 Jahren konnte ich einfach nicht verstehen, dass außer mir niemand wusste, wie unser Sonnensystem aufgebaut ist, wie viele Planeten es hat, wie viele Monde die einzelnen Planeten haben und wie all diese Himmelskörper heißen.

Links: Kevin Lang (Bass), Frl. Karin F. und Peter Kucher (Drums) von „Neil Landon and The Burnetts" 1965 auf dem Parkplatz vor dem Wilhelmstübchen in Wuppertal. Kevin macht noch heute Musik; Peter war später lange Jahre bei „Status Quo" aktiv.

Links: Neil Landon, 1965 im Wilhelmstübchen. Der lustige Gitarrero mit dem drolligen Hütchen ist kein Geringerer als Noel Redding (1945–2003), der später als Bassist der Jimi Hendrix Experience weltberühmt wurde.

Typische Science Fiction-Spinner wie ich waren auch immer an jeder Art von „Negermusik" interessiert. So nannte man damals alles, was in fremder Zunge gesungen und mit elektrischer Gitarre begleitet wurde, auch dann, wenn es sich um langhaarige Popnasen wie Mungo Jerry oder Dave Doof handelte.

Leider gefielen unseren zu Kaiser Wilhelms Zeiten sozialisierten Rundfunk-Programmmachern aber nur solche Bands, in denen Geigen, Bratschen, Oboen und Cellos dominierten. So war unsereins gezwungen, sich in fragwürdigen Lokalen rumzutreiben, in denen schlampig angezogene und ungekämmte Engländer wie „Mike & Johnny and The Shades", „Me and Them" und „Neil Landon and the Burnetts[7]" auftraten.

Wer damals eine Realschule besuchte oder exotische Berufe wie Schriftsetzer und Buchbinder lernen wollte, war gut beraten, wenn er verschwieg, wo er am Wochenende zu Liverpooler Rhythmen schwofte. Naiv wie ich war, machte ich eines Tages den Fehler, meinem Boss zu erzählen, dass ich hin und wieder in der Wilhelmstraße fremdländischen Klängen lauschte.[8]

Junge, das hätte ich lieber vermeiden sollen ... Wie ich denn nur in dieser üblen Kaschemme verkehren könne, fragte mein Boss empört. Dort verkehre doch nur der Abschaum der Menschheit! Das asoziale Pack! Messerstecher und Totschläger! Das ist ja wohl das Letzte!

SCHLUCK. Meine Antwort, dass ich im Wilhelmstübchen noch nie einem Messerstecher und Totschläger begegnet war, dass wir Jugendlichen dort in Schlips und Kragen tanzten, ließ ihn erst stutzen und dann die Stirn runzeln.

---

[7] Einen Musiker dieser Gruppe, den Gitarristen Noel Redding, sah ich später als Bassist bei The Jimi Hendrix Experience wieder.

[8] Das Lokal hieß offiziell „Haus der Musik", wurde aber „Wilhelmstübchen" genannt. An der Tür hing ein großes Schild mit der Aufschrift OFF LIMITS. Dass es Englisch war, raffte ich schon, aber damals wusste ich noch nicht, was es bedeutet.

Dann wurde ihm bewusst, dass sein Wissen über das Publikum der „Kaschemme" aus seiner Jugend stammte und mindestens zwanzig Jahre alt war: Das Wilhelmstübchen war im Tausendjährigen Reich das Stammlokal einer SA-Einheit gewesen. Offenbar hatten diese Leute sich dort mit der kommunistischen Konkurrenz Schlägereien und Messerstechereien geliefert.

Heute kann sich jeder zum Narren machen, ohne dass es jemanden schert: Man kann sich von den Füßen bis zur Glatze tätowieren lassen, sich einen Ring durch die Nase ziehen oder ein Pfund Altmetall ans Gehör oder an den Pimmel hängen. 1965 vertraten die Bosse weitgehend konservative Werte: Anarchoiden Elementen wie mir, die aus einem apolitischen und atheistischen Elternhaus stammten, wurde ihre Außenseiterposition sofort verdeutlicht, sobald sie auf Pomade im Haar verzichteten und obskure Interessen hatten.

Meine Lesewut unterschied mich am meisten von den Angepassten. Ich las jeden bedruckten Papierfetzen: Romane aus Papas Bücherregal, Illustrierten wie Quick, Stern und Revue, von denen es damals mindestens ein Dutzend gab. Jeder Zettel, jedes Etikett, jedes Plakat, jedes Firmenschild wurde gelesen und auf Schreibfehler untersucht.

Nä, Hannelörken, hörte ich eines Tages Oma Else sagen, wat liest der Ronnie denn so viel? Wie kann man denn nur so viel lesen? Dat is doch nich gut für de Augen! Wer so viel liest, kann sich de Augen verderben ... Ronnie, leees nicht so viel! Wer zu viel liest, kann nämlich irgendwann überschnappen!

Ronnie traute seinen Öhrkes nicht, hielt aber die Klappe.

Das permanente Schmökern setzte kreative Kräfte in mir frei. Ich malte mir alle gelesenen Szenen genau aus. Geschichten erfinden ... Sowas lag mir.

Ich fragte mich Dinge, die sonst keinen Schwanz interessierten: Bei der Lektüre von Jack Londons Abenteurer des Schienenstrangs hab ich mich ständig gefragt, in welchem Land die Geschichte wohl spielt. Ich war sieben Jahre alt. Da kann man derlei Dinge anhand von Personen- und Ortsnamen noch nicht erkennen. Ich war erschreckt als mir dämmerte, dass sein autobiographischer Bericht über das Leben der Underdogs im ausgehenden 19. Jahrhundert im gelobten Land Amerika spielt, denn dort schien in meiner Phantasie immer die Sonne, und alle Menschen waren reich.

Es war wohl mein Glück, dass der erste Autor auf den ich abfuhr, im Bücherregal gleich mit acht bis zehn Werken vertreten war. Jack London dachte sich nicht nur Geschichten aus, er hatte auch selbst spannende Abenteuer erlebt: Aus Martin Eden erfuhr ich, wie ein Junge zu dem Mann wird, der er später ist. Ich lernte, wie Schriftsteller arbeiten; was sie können und wissen müssen, um Schriftsteller zu werden.

Viele Menschen glauben, der Autor braucht nur 'ne Idee zu haben, dann setzt er sich hin, zündet sein Pfeifchen an und schreibt ein Buch. Denkste.

Wie jeder Maurerstift erst mal lernen muss, wie man eine Kelle hält, muss der Schriftstellerstift lernen, wie man eine Tastatur bedient. Handgeschriebene Meisterwerke liest niemand, weil jeder die Frage was eine Sauklaue ist anders beantwortet. Wer seinem Text kein ansprechendes Äußeres verleihen kann, wird's in dieser Branche nie zu was bringen.

Mein Wunsch, zu Weihnachten eine Schreibmaschine zu bekommen, konfrontierte mich mit heruntergeklappten Kinnladen und großen Augen.

Eine Schreibmaschine? Das kann doch nicht wahr sein!

Alle anderen Rotzblagen spielen Fußball und werfen Fensterscheiben ein, aber unser Ronnie will 'ne Schreibmaschine! Und wozu?

Er möchte Romane schreiben.

Hannelörken und mein Alter kuckten sich an. Sie waren fassungslos. Wir lebten in einem proletarischen Haushalt. Wir besaßen zwar Bücher, aber abgesehen von meinen Schulheften lag bei uns kein Papier rum, auf dem man Romane hätte schreiben können. Ich schrieb mit dem Füller, der schon Hannelörken acht Jahre durch die Volksschule begleitet hatte. Irgendwann hörte ich meinen Alten dann leise sagen: „Hannelörken, glaubst du, aus dem Jung könnte mal 'n warmer Bruder werden?"

Damals wusste ich zwar noch nicht, was ein warmer Bruder ist, aber ich hatte das Gefühl, dass dies etwas war, das mein Alten als Sohn nicht gerade präferierte. So also wurde in meiner Familie über Menschen gedacht, die schon als Kind wussten, dass sie nicht dazu geschaffen waren, auf dem Bau die Kelle zu schwingen.

Zu meiner Verblüffung kriegte ich die Schreibmaschine aber doch! Es war toll. Erst jetzt ist mir klar, was mein Alter damals auf sich genommen hat. Die Schreibmaschine kostete über hundertfünfzig Mark! Das war mehr als er in einer Woche verdiente! Meine Eltern hatten sich in Schulden gestürzt! Sie hatten das Ding bei Vetter im Rolingswerth gekauft und stotterten es mit monatlichen Raten von DM 12,80 ab!

Ich brachte mir das Tippen bei. Ich fluchte tausend Mal am Tag, und zwar immer dann, wenn ich die Taste zu drücken vergaß, die Kleinbuchstaben zu Großbuchstaben[9] macht. Dabei versaute ich so viel teures Schreibpapier, dass ich mir irgendwann sagte: Dat lernste nie! Ich tipp jetzt einfach alles in Großbuchstaben!

Dies führte jedoch dazu, dass ich immer dann, wenn ich ein Komma tippen wollte, ein *Semikolon* auf dem Papier sichtbar wurde.

---

9 In der Schriftsetzerlehre brachte man mir dann bei, dass Großbuchstaben eigentlich Versalien heißen.

Es brachte mich auf die Palme. Meine Flüche drangen alsbald an Hannelörkes Ohren, bis sie mich eines Tages fragte, was mich denn so aufrege. Ich erklärte es ihr. Da sagte sie: „Ronnie, so geht das nicht! Die Schreibmaschine hat viel Geld gekostet! Wenn du auf der Maschine schreiben willst, dann lernst du es auch richtig!"

Eigenartigerweise rebellierte ich nicht dagegen. Ich tat, was sie gesagt hatte. Irgendwie hab ich gerafft, dass sie Recht hatte; dass ich moralisch verpflichtet war, die Sache mit dem gebührenden Ernst anzugehen. Die Schreibmaschine war kein Spielzeug, sondern ein für meine Eltern teures Werkzeug. Sowas kaufte man nicht, um es nach zwei Wochen beiseite zu stellen und sich zu sagen „Dann werde ich eben halt kein Schriftsteller!"

Üben war angesagt. Wie beim Erlernen eines Musikinstruments. Und irgendwann hab ich's dann auch gerafft.

Obwohl mir klar war, dass ich irgendwann Schriftsteller werden würde, wusste ich auch, dass sowas kein Lehrberuf ist. Päule, mein Freund aus Kindertagen, dem ich zwei Jahre nach meinem Schulwechsel wieder begegnete, hatte ähnliche Ambitionen: Er war sich ziemlich sicher, dass er „Reporter" werden würde. Dann könnte er wie Peter von Zahn, der berühmte Reporter der Windrose, Pfeife rauchen, um die Welt reisen, für eine Zeitung schreiben und jede Menge Ansehen genießen.

Diese Vorstellung gefiel auch mir, und so peilte ich spontan eine ähnliche Laufbahn an. Nach acht Jahren Prollschule erfuhr ich, dass man, um Journalist zu werden, mit einem Hochschulstudium in Geschwätzwissenschaften aufwarten sollte. Leider hatten Schulen in mir immer nur Abscheu erzeugt, und da ich an naturwissenschaftlichen Fächern gänzlich uninteressiert war, graute mir vor dem Gymnasium. Einige meiner Freunde, die dort gelandet waren, stöhnten mir immer vor, dass sie täglich drei Stunden Hausaufgaben am Hals hatten. Für sowas war ich nicht zu haben. Ich hatte deswegen nur meine acht Pflichtjahre abgerissen und außer in Deutsch und Micky Maus-Zeichnen keinen Blumentopf gewonnen.

Ein Fernsehfilm, der einen Schriftsetzer an seinem Arbeitsplatz zeigte und ein Berufsberater überzeugten mich, dass eine Laufbahn in der Druckbranche mich meinem angepeilten Ziel zumindest näher bringen würde.

Ich fing eine Schriftsetzerlehre an. Es war eine tolle Idee. Ohne sie wäre ich vermutlich niemals dem famosen Friedhelm Hüppop begegnet, der in diesem Buch ebenfalls über sein Leben in der Steinzeit berichtet.

Meine Lehre begann am 1.4.1963. Nie werde ich diesen Tag vergessen! Nach einer dreiwöchigen so genannten „Einführungslehre" in der Berufsschule am Kleinen Werth stand ich an einem finsteren kalten Morgen kurz vor 7.00 Uhr vor der Tür der Druckerei H. & W. Heinemann. Sie lag in der Nordstadt, einem Altbauviertel, das früher mal eine vornehme Gegend gewesen, nun aber grau und arg heruntergekommen war.

Helmut Heinemann, mein Boss, nahm mich in Empfang. Er stellte mir Herrn Grimm (Fritz) vor, einen netten alten Knaben, der als Umdrucker in der Abteilung Steindruck tätig war.

Ich zog mich in der „Garderobe" (im Keller) um und ging ins Parterre hinauf.

Der Laden deprimierte mich sofort. Er war dunkel, eng, verstaubt. Setzerei und Druckerei befanden sich im gleichen Raum. Als pünktlich um 7.00 Uhr die Druckmaschinen losdröhnten, war mein erster Gedanke: Das hältst du nicht aus! Als die Maschinen um 9.30 Uhr (Frühstückspause) abgestellt wurden, fiel mir ein riesiger Stein vom Herzen. Ich atmete für eine Viertelstunde auf.

Konnte ich diesen Höllenlärm fünfzig Jahre lang, bis zur Rente, ertragen? Später erfuhr ich, dass Druck und Satz im gleichen Raum in unserer Branche nicht unbedingt die Regel war.

Sehr viel anders sah die Setzerei, in der ich mit 14 Jahren ackern musste, nicht aus: Aber wie man an den Frisuren der Piefkes auf diesem Foto unschwer erkennen kann, lebte man 1933 unter noch härteren Bedingungen.

Ich fasste den Plan, mich gleich nach dem Ende der Lehre vom Acker zu machen und in eine Firma zu wechseln, in der der Lärm der Druckmaschinen einen nicht irre machte. Bis dahin hieß es: Üb dich in Geduld!

Die beiden Gesellen, mit denen ich zu tun hatte, waren 26 Jahre alt und vom Charakter her grundverschieden: Kurt, der Setzer, war ein netter, belesener Typ, kam mir aber kniepig und pedantisch vor. Lothar, der Drucker, war ein echter Arsch mit Ohren, ein „Mr. Wichtig", der seine Nase überall rein steckte; ein *Bild*-Leser, der mich schon am ersten Tag auf die Palme brachte, als ich blödsinnigerweise erwähnte, dass ich Schriftsteller werden wollte.

Seine Reaktion, ganz von oben herab, bestand aus purer Verachtung: „Dat würd' ich mir an deiner Stelle mal *ganz schnell* aus dem Kopf schlagen."

Als ich in der Frühstückspause ein *Terra*-Heft auspackte, zeigten mir die beiden, was sie von meiner Spinner-Lektüre hielten. Kurt meinte, als Lehrling sollte ich meine Nase lieber in *Fachbücher* stecken.

Von nun an wurde jede meiner Fehlleistungen mit Sprüchen wie „Wo warste wieder mit deinen Gedanken? Bei den grünen Männekes auf dem siebten Mond?" kommentiert.

Es war eine schöne Scheiße, Leute, das kann ich euch sagen. Ich fühlte mich vom Boss und den Gesellen ständig drangsaliert. Wenn man alle Nase lang einen reingewürgt kriegt, trägt es nicht dazu bei, Selbstbewusstsein zu entwickeln. Ich merkte erschreckt, dass meine jungen Kollegen mindestens so spießig waren wie meine Großeltern.

Es kam ihnen nicht in den Sinn, dass man seiner Arbeit mit Vergnügen nachgehen und in der Pause trotzdem seine Freiräume nutzen kann. Sie waren völlig angepasst, sparten schon für ihre Hochzeit und glaubten, man müsste sich schon als Vierzehnjähriger auf den Ernst des Lebens vorbereiten.

Die verwöhnten Blagen des 21. Jahrhunderts ahnen ja nicht, mit welchem Mist wir uns in ihrem Alter rumschlagen mussten: Dass man die Zigarette im Kanal versenkte, sobald ein Pannasch um die Ecke kam; dass man sich nie mit den Bütteln des Staates anlegte und ihm auf keinen Fall zu Diensten war [10]; dass wir in den Kneipen, die wir frequentierten [11], laufend Zwanzigjährigen begegneten, die auf Typen unserer Art aggressiv reagierten.

„Lass dir mal die Haare schneiden", war der Spruch, den ich bald rückwärts pfeifen konnte. 1965 hörte man ihn täglich, oft begleitet von bedrohlichen Gesten. Mal bot man uns höhnisch einen Hunderter an, wenn wir bereit wären, uns in der Kneipe die „Mähne" scheren zu lassen. Mal verhöhnte man uns als „Gisela" oder „Frollein". Mal beschimpfte man uns auch als schwule Sau. Oft drohte man uns Prügel an.

---

10 Ich war mal Zeuge eines Unfalls, als am hellen Tag auf der Kreuzung Loher Straße/Wartburgstraße zwei Autos heftig aufeinander krachten und hatte mich als Zeuge gemeldet. Meine Eltern waren entsetzt! Das tut man doch nicht! Da kriegt man doch nur Ärger!

11 Ja, is nix mit „versoffener Jugend von heute", Herr Besorgter Fernsehjournalist: Das hat's immer schon gegeben, wenn vielleicht auch nicht in Ihren Odenwaldschul-Kreisen.

Es machte mich wütend, dass dieser verbale Unflat fast immer von Leuten kam, die gerade mal sechs, sieben Jahre älter waren. Aggressivität ging immer von jenen Entenarschfrisuren aus, die mit Little Richard, Jerry Lee Lewis und Elvis Presley aufgewachsen waren. Sie hassten uns. Sie hassten uns, weil sie ahnten, dass unsere Musik die Musik der Zukunft war und wussten, dass ihre Idole auf dem absteigenden Ast waren. Dass wir uns laufend über die Frage „Beatles oder Stones?" in die Wolle gekriegt hätten, ist eine reine Erfindung ahnungsloser TV-Journalisten späterer Jahrzehnte.

Wir waren doch musikalisch so wenig verwöhnt, dass wir uns über jede neue Band freuten, die in die Hitparade kam, ob sie nun was Originelles drauf hatte wie Them, The Who, die Kinks, die Animals oder ob sie eilig umfrisierte Popfuzzis waren wie die Searchers, Herman's Hermits oder Dave Dee, Dozy, Beaky, Mick & Tich. Die Zeit schob natürlich auch massenhaft Eintagsfliegen nach vorn, die einen Hit später tot waren, aber wir nahmen erst mal alles an, um es zu begutachten.

Die Entenarschfrisuren waren anders – auf die plötzliche musikalische Vielfalt waren sie nicht gefasst. Nur die wenigsten erkannten, dass etwas Revolutionäres im Anmarsch war. Einige ihrer Vorbilder – Buddy Holly, Eddie Cochran – kamen ums Leben, andere – etwa Bill Haley – waren plötzlich alt und fett. Jerry Lee Lewis war aufgrund sexueller Verstrickungen in der Versenkung verschwunden. Elvis Presley hatte nach der Ableistung des Wehrdienstes in Deutschland nicht mehr Fuß gefasst und verschliss sein Talent in blöden Filmchen. Wanda Jackson war nicht mehr präsent. Die Idole der Entenarschfrisuren waren nach dem Auftreten der Beatles und Rolling Stones weg vom Fenster. Sie waren nicht mehr gefragt.

Die Freiheit, nach der wir alle strebten, rief in den Entenärschen Frust und Neid hervor. Sie ahnten, dass der Zug abgefahren war. Als sie sahen, was wir machten, begriffen sie, dass sie immer nur Papa und Mama gehorcht hatten. Sie hatten es versäumt, sich ihre Rechte zu erkämpfen.

Meine Kollegen waren das beste Beispiel: Sie waren erst Mitte zwanzig, träumten aber nicht von Abenteuern. Sie träumten von einem Spießerleben.

Typen wie mir, die frech aus der Reihe tanzten sich anmaßten, Bücher schreiben zu wollen (zuvor wollte ich – auch das ziemlich abgefahren – Mountie[12] werden), wurde ständig alles ausgeredet: „Das ist doch Schwachsinn! Schuster, bleib bei deinen Leisten! Konzentrier' dich lieber auf die Zwischenprüfung!"

Meine Zukunftspläne waren allen unheimlich: Was bildet der Proletenbengel sich ein? Bücher will er schreiben? Ist er etwa was Besseres?

Meine Kollegen hingegen wollten *heiraten*, sich freiwillig *binden*! Denen wäre es nie in den Sinn gekommen, die Nase mal ins Wilhelmstübchen, ins Seemannsheim, ins Roxy, in Emmi Maiss Laden (Kleine Bandstraße 10), bei Anni Rost (Gaststätte Röseler, Charlottenstraße 32), ins Impuls am Döppersberg, den Jazzclub Adersstraße oder Onkel Tonis Saalbetriebe (Bartholomäusstraße) zu stecken. Als sie das erste Foto der Beatles sahen (im Musik-Express) fielen ihnen fast die Augen aus dem Kopf.

„Mein Vater", so klärte mein frankophiler Boss mich auf, „hatte mal ein medizinisches Fachbuch im Schrank. In dem waren auch *Geisteskranke* abgebildet. Die sahen genauso aus wie diese *Bettels*."

Beim Anhören von „Bettles"-Platten überlief mich nicht nur ein wohliger Schauer, ich hatte auch das Gefühl, dass mein Leben mit dieser Musik erst richtig anfing. Allerdings war es wahnsinnig

---

[12] Mountie nennt man die Angehörigen der RCMP (Royal Canadian Mounted Police). Was für ein Frust, als ich las, da könnte man als Nicht-Kanadier nur mitmachen, wenn man Engländer oder Franzose sei. Dass man die kanadische Staatsbürgerschaft auch erwerben kann, war mir damals leider nicht bekannt.

schwierig, an diese Schallplatten ran zu kommen. Lehrlinge meiner Altersgruppe waren bettelarm: Ich verdiente 82 Mark im Monat und kriegte im ersten Lehrjahr pro Woche 5 Mark Taschengeld.

So viel kostete schon eine Single! Mein Alter wäre nie auf die Idee gekommen, meine obskuren musikalischen Interessen zu finanzieren, obwohl er selbst Gitarre spielte und in den 1950er Jahren bei den Mauna Kea Hawaiians[13] aktiv gewesen war.

Es gab damals keine „Jugendkultur". Wir hörten die gleichen Platten wie unsere Alten, also Rudi Schuricke, René Carol, Peter Alexander und Importkasper wie Bill Ramsey und Gus Backus. Die zaghaften Versuche der Musikindustrie, etwas zu verbreiten, was sie Rock 'n' Roll nannte, wurden in unseren Kreisen nicht ernst genommen: Peter Kraus, Ted Herold und Konsorten wollte niemand hören, der die Beatles und die Rolling Stones kannte.

Am Wochenende trugen wir Anzug, Nyltesthemd und Krawatte. Im Kino oder in der Kneipe bemühten wir uns, älter zu wirken. Dies erreichten wir mit einer (wie wir glaubten) lässigen Körperhaltung und 'ner Kippe im Mundwinkel.

Ein Hälfken Adler-Bier kostete in Grete Henschs Kneipe (Friedrich Engels-Allee 319) nur sechs Groschen, was es manchen Kumpan bis zum *Aufstoßen* übertreiben ließ. Meine erste Pulle Bier genoss ich mit 14 Jahren auf dem Kinderspielplatz im Kothener Busch, wo ich mit Ralph, Kurt und Rainer (den üblichen Verdächtigen aus meiner Klasse) sowie Gilbert, Wolfgang, Rolf sowie Tom und Dennis abhing. Einige dieser Burschen waren schon 16 und gingen im Vereinsheim des Kothener Kleingartenvereins ein und aus.

Ich war nach der ersten Pulle sofort blau und brauchte fünf Stunden, um wieder nüchtern zu werden. Erst dann hab mich nach Hause getraut.

---

13 Mindestens einer der Mauna Kea Hawaiians-Gitarristen, Günter Heckersbruch, wurde später zur lokalen Berühmtheit.

Auf dem Spielplatz, auf dem übrigens nie Kinder spielten, hab ich auch die erste Zigarette gepafft. Hannelörken roch es sofort. Sie warnte mich vor meinem Alten, was ich sehr komisch fand, weil er Kettenraucher war.

Als Jungmatrose hatte er sich im Alter von 17 Jahren einen Anker auf den Oberarm tätowieren lassen. Als Kind fand ich das toll und männlich. Als ich verkündete, ich wolle auch so ein Ding haben, drohte er mir Prügel an, was ich nicht verstand. Er konnte mir aber verdeutlichen, dass es nicht witzig war, wegen des Ankers ständig als Knastbruder angesprochen zu werden. Mit 14 denkt man nur selten über die Konsequenzen seines Tuns nach. Seine Schilderung war so überzeugend, dass ich Abstand von meinem Vorhaben nahm.

Andererseits kann ich nicht sagen, dass er ein Vorbild für mich war: Uns trennten Welten. Er spielte gern den Strammen Max, der er aber in Wirklichkeit nicht war. Vielleicht lag es an seiner HJ-„Erziehung". Er war auch nicht begeistert von den vier Liverpooler „Tommys"[14], die bald auch Einfluss auf mein Äußeres nahmen.

Dass ich mich für die englische Sprache zu interessieren begann[15], die man mir in der Volksschule nicht beigebracht hatte, fand er gut, da er sie selbst ganz gut auf die Reihe kriegte. Mein Alter hatte auch privat nix gegen „Tommys": Mit denen, die in unserer Stadt kaserniert waren, machte er schon in den 1950er Jahren Geschäfte, denn zur „Verpflegung" der Briten gehörten auch Whisky und Kippen der Marke Senior Service, die er im Auftrag abstinenter Soldaten an seine Bekannten vertickte.

---

14 So nannte er, ich wage es kaum hinzuschreiben, John Lennon, Paul McCartney, George Harrison und Ringo Starr, auch bekannt als The Beatles.

15 Heutige Generationen wissen es nicht mehr, aber in den 1950er Jahren war es üblich, dass nur solche Schüler eine Fremdsprache lernen durften, die in Deutsch und Mathe mindestens auf einer 2 standen. In Mathe stand ich immer zwischen 3 und 5, wobei 4 und 5 überwogen. Das konnte die 1 in Deutsch leider nicht ausgleichen.

Die erste Beatles-LP („Beatles For Sale"), die bei uns zu Hause lief, hat Horst Hinrichs mir freundlicherweise über die Weihnachtstage geliehen. Ich spielte sie schätzungsweise 24 Stunden am Tag ab.

Hannelörken hatte nichts dagegen; der Alte aber sehr wohl.

„Mach die Negermusik aus!"

Und so weiter. Jungs von heute würden ihrem Alten in einer solchen Situation was husten, weil sie in der privilegierten Lage sind, sich jede Art Musik mit 180 Phon auf der eigenen Anlage im eigenen Zimmer mit dem eigenen Kopfhörer aufs eigene Trommelfell zu kloppen.

1964 gehörten eigene Zimmer, Anlagen und Kopfhörer aber noch ins Reich der utopischen Literatur. Die deutsche Familie besaß maximal einen in den „Fernsehschrank" gebauten „Zehn-Platten-Spieler". Der stand in der „guten Stube", die man in manchen Familien (in meiner glücklicherweise nicht) nur sonntags und mit geputzten Schuhen betreten durfte.

Aber auch damals hat man seinem Alten nix gehustet: Man ist seinem Wunsch zähneknirschend nachgekommen, hat sich geschworen, auf seiner Beerdigung keine Träne zu vergießen und die Wohnung verlassen, um sich draußen auszuheulen.

So war es jedes Mal. Dass meine Nase ständig in einem Buch steckte, brachte den Alten ebenfalls gegen mich auf. Obwohl er gegen Lesen an sich nix hatte, denn er las selbst sehr viel. Es lag halt an der Art meiner Lektüre. Außerdem konnte er nicht verknusen, dass ich völlig anders war als er. Er war der Motorrad fahrende Malochertyp. Der Handwerker durch und durch.

Ich war der Stubenhocker.

Malochertypen wollen nicht, dass ihre Söhne Stubenhocker sind. Ich kriegte es alle Nase lang zu hören. „Geh mal raus; werf mal 'ne Fensterscheibe ein!"

Das ständige „Sei nicht so, wie du bist; sei so wie ich!" machte mich rasend. Für mich hieß dies nichts anderes als „Du bist nix

Beatle Ronnie, 1966 im holländischen Katwijk

wert; für die Dinge, für die du dich interessierst, interessieren sich nur Spinner!"

Meine Kollegen sahen in mir den an Fliegende Untertassen und Grüne Männchen glaubenden Idioten. Sie lasen *Bild* und *Kicker*, während ich George Orwell, Ray Bradbury und Theodore Sturgeon las und Hemingway schon gelesen hatte, bevor diese doofen Ärsche auch nur seinen Namen kannten.

Ich verzweifelte an diesen Spießern. Besserung, so schien mir, war nirgendwo in Sicht.

Damals war es mir noch nicht bewusst, aber diese Art der Unterdrückung gehörte zu den letzten Zuckungen eines Systems, das sich aus dem 19. Jahrhundert ins 20. gerettet hatte und kurz vor dem Kollaps stand.

In der TV-Reportage „Wie die Beatles den Kreml stürmten" behaupten einige russische Beatniks, John, Paul, George und Ringo wären schuld am Untergang der Sowjetunion. Die UdSSR-Jugend hätte die Musik der Beatles durchaus als subversiv empfunden, weswegen sie auch laufend Probleme mit ihren Parteipfeifen hatten, die, wie meine Kollegen, ständig hinter ihnen standen und verlangten, dass sie sich weniger auf „Twist and Shout" als auf das Studium des Marxismus-Leninismus konzentrierten.

Dorftrottel wie ich haben sich damals weder für die Sowjetunion noch für den Marxismus-Leninismus interessiert. Ich wusste nicht, ob SPD oder BMW eine politische Partei war und konnte Rainer Barzel nicht von Willy Brandt unterscheiden. Eins aber wusste ich: Die bloße Existenz der Fab Four hat auch mir geholfen, irgendwann für meine eigenen Interessen zu kämpfen und „Bis hierher und nicht weiter!" zu sagen.

Ihre Musik, ihr Äußeres – auch ihr gewitztes Auftreten – haben mich angestiftet, den Autoritäten zu trotzen. Wer sie mochte, kriegte automatisch Ärger, gegen den man sich, wenn man ein Rückgrat hatte, einfach wehren musste! Wer ständig Häme und Sticheleien zu ertragen hat, wird widerborstig. Ich wollte mir einfach nicht mehr vorschreiben lassen, was ich zu tun, zu lassen, zu denken und anzuziehen hatte. Ich wurde renitent. Ich wurde das, was ich innerlich wirklich war. Ich forderte meine Rechte ein. „Das haben wir schon immer so gemacht! Da könnte ja jeder kommen!" Scheiß der Hund drauf! Ich kämpfte gegen Regeln, die mir nicht behagten, da sie nur dazu dienten, Charaktere zu brechen und mich einem System gegenüber gefügig machen sollten, das meins nicht war.

Es passierte nicht von heute auf morgen. Es war ein schleichender Prozess.

Eines Tages fasste ich den revolutionären Beschluss, der Frisiercreme „Brisk", die ich mir aus unbekannten Gründen, täglich aufs Haupt schmierte, zu entsagen. Ich trug mein Haar nun trocken und kämmte es nicht mehr nach hinten, sondern nach vorn.

Und ich ließ es wachsen.

Junge, mein Handeln hatte Folgen! Nie werde ich den fassungslosen Blick meines Alten vergessen als ich seinen Standardspruch „Du gehst zum Friseur oder ich schneid dir die Haare mit der Heckenschere!" eines Tages konterte.

„Das wirst du nicht tun, und wenn du es versuchst, wirst du dein blaues Wunder erleben!"

Ich war wütend wie nur was, und ich hatte es kaum ausgesprochen als ich auch schon dachte: Jetzt bist du zu weit gegangen. So kann man doch nicht mit seinem Vater reden.

Die Kinnlade meines Alten fiel runter. Er war fassungslos. Dieser Art Renitenz war er noch nicht begegnet.

Ich hatte einfach die Schnauze voll. Ich war ich. Ich wollte so sein dürfen wie ich war. Niemand hatte darüber zu bestimmen, wie mein Kopf aussah.

Mir ging es natürlich primär nicht nur um die Haare. Ich wollte einfach nicht mehr drangsaliert werden.

Bevor ich in die Lehre kam, machte mir die Familie eins klar: Dass Wichtigste im Leben ist, nicht *aufzufallen*, nicht gegen den Strom zu schwimmen und nur jene Parolen zu blöken, die auch alle anderen blöken. [16]

Sowas hat mir nie gelegen: Ich hab mich Trends immer verweigert, und das nicht nur in modischen Fragen. Sobald die Spießergesellschaft eine von mir vertretene Position schick machte, hab ich sie aufgegeben.

Für mich war das leidige Thema Haareschneiden nun erledigt. Für Hannelörken war es ohnehin nie ein Problem gewesen. Sie wagte es sogar irgendwann, die Beatles gut zu finden. Als ich dann selbst anfing Musik zu machen und mich in die schwuchtelige Oberbekleidung der Kinks vernarrte, schenkte sie mir zum Entsetzen meines Alten sogar eine ihrer Rüschenblusen. Ich trug sie auf der Bühne unterm Jackett, damit man die Abnäher nicht sah.

In der Umgebung der Friedrich-Engels-Allee/Loher Straße war ich bald als „Beatle" bekannt. Bald trudelte auch der erste an das „Liebe Beatelchen" adressierte Brief ein. Mein erster Fan war Angelika aus dem Nebenhaus. Sie war acht oder neun. Angelika, ich hab dich nie vergessen!

---

16 Als ich im Januar 1969 als W18 zur Bundeswehr ging, wurde mir dieser Rat natürlich auch erteilt. Auch den hab ich nicht befolgt, sodass meine Vorgesetzten mich zwar als renitent einstuften, mir aber nichts Böses antaten.

Ottilie, meine damalige Schwiegermutter in spe, war auch kein Fan langer Haare. Wieso auch? Sie war Jahrgang 1920. Als sie meinen Weg erstmals kreuzte, war sie so alt wie meine erstgeborene Tochter heute. Sie war in einer Zeit aufgewachsen, in der noch Zucht und Ordnung die Welt beherrschten. Da sie mich aber trotzdem gut leiden konnte, verschonte sie mich mit dem Ansinnen, zum Friseur zu gehen: Das durfte sich ihre Tochter anhören, damit sie mir ins Gewissen redete. Es brachte aber nix, denn die gute Karin wollte mich so haben, wie ich war.

Gut, dass Ottilie mich nicht persönlich genervt hat: Es hätte bestimmt Ärger gegeben, denn schließlich hatte ich mich nicht gegen meinen Alten durchgesetzt, um bei ihr klein beizugeben.

Dass es noch schlimmer kommen könnte, ahnte ich da noch nicht: Mein Boss, zugleich auch mein Lehrmeister, gab mir an einem Freitag vor Feierabend zu verstehen, ich sollte am nächsten Montag nur dann wieder in seinem Betrieb auftauchen, wenn ich beim Friseur gewesen war.

Ich sehe den *Auszubildenden* von heute in einer solchen Situation spontan zum Telefon greifen und den Rechtsbeistand seiner Gewerkschaft anrufen, die den Arbeitgeber noch am gleichen Tag wegen Diskriminierung verklagt.

Außerdem sehe ich die Gewerkschaft Rundfunk, Fernsehen und Tagespresse alarmieren, die die freche Anmaßung des Großkapitals so lange in die Welt hinaus schreien, bis mein Boss DM 100.000 Schadenersatz abdrückt und für sein kryptofaschistisches Ansinnen in *Panorama* auf Knien um Vergebung winselt!

Mein Gedanke war: Ich hab einen gottverdammten *Lehrvertrag*! Den kann man doch nicht so einfach außer Kraft setzen, oder?! Wie, um alles in der Welt, kann dieser Mann es wagen, mir die Länge meines Haupthaars vorzuschreiben?!

Ich hätte vor Wut platzen können. Ich war gekränkt, ey! Was

interessierten sich all diese verfluchten Spießer für *meinen* Haarkopp?

Was sollte ich jetzt machen? Mich bei meinem Alten beschweren, der schon beim Vorstellungsgespräch gesagt hatte „Und wenn er nicht spurt, hauen Sie ihm eine hinter die Löffel"?[17]

SEHR WITZIG. Damals hieß der Lehrling noch Lehrling, weil man von ihm erwartete, dass er lernen will. Als ich ausgelernt hatte, nannte man ihn Auszubildender. Gewisse Gewerkschaftskreise wollten es dem Großkapital mal ordentlich zeigen. Das konnten sie am Billigsten tun, indem sie ihm verdeutlichte, dass Lehrlinge keineswegs zum Lernen verpflichtet waren. Vielmehr waren *Ausbilder* dazu verpflichtet, sie auszubilden. Ich glaube, das Großkapital hat daraufhin ganz schön geschlottert.

Keine Ahnung, ob diese Kosmetik die Arbeiterklasse in ihrem Kampf um Mallorca weiter gebracht hat, aber selbst wenn ich damals schon Auszubildender genannt worden wäre, hätte es mir nix genützt.

Ich konnte nichts machen! Mein Chef saß am längeren Hebel. Wer ernsthaft den Plan verfolgte, einen Gehilfenbrief zu erwerben, musste diesen Mist schlucken. Wer hätte seinem Chef zu entgegnen gewagt, dass „lange Haare"[18] kein Kündigungsgrund sind? Wer wollte sich der Gefahr aussetzen, nach einem langwierigen Rechtsstreit (mit unklarem Ausgang) aus einem anderen (fadenscheinigen) Grund aus der Lehre zu fliegen?

Bezüglich der Durchsetzung der Menschenrechte war diese Ära beschissen. Ich wäre allen mich drangsalierenden Spießern am liebsten mit dem nackten Arsch in die Fresse gesprungen.

---

17 Zur Ehrenrettung meines Chefs muss ich sagen, dass er diesen Vorschlag nicht nur stirnrunzelnd zur Kenntnis nahm, sondern auch ablehnte. Von den in der Arbeiterklasse üblichen Erziehungsmethoden hielt er nichts.
18 Sie waren aus der Sicht des Jahres 1970 geradezu *lächerlich* kurz.

*Das „Griechische Gästehaus" an der Friedrich-Engels-Allee:
Ab 1964 der musikalische Treffpunkt der Unterbarmer Jugend ...*

*Rosi, Renate und Margit, 1966, in Anni Rosts Tanzlokal in der
Elberfelder Charlottenstraße: Teens im AfriCola-Rausch ...*

Mein Boss gehörte nicht mal zum Großkapital. Er war ein kleiner Krauter, Inhaber einer 1904 gegründeten Hinterhofdruckerei, in der – sein Bruder mitgezählt – gerade mal neun Nasen tätig waren. Unser Boss hatte zwar schon 'ne Platte, war aber nicht mal vierzig Jahre alt. Er war eigentlich ein netter Kerl, wenn auch ein Spießer, der sich mit Liverpool und allem, was der Mersey Sound an Veränderungen mit sich brachte, nicht anfreunden konnte: Unser Boss ging in die Oper und lauschte Sinfoniekonzerten. Ihm die Zähne zu zeigen – dazu fehlte mir der Mut. Also knirschte ich mit meinen eigenen und ging zum Friseur.

Irgendwann aber, das sah unser Boss auch auf der Straße, waren Haare, die über den Kragen fielen, nicht mehr sooo ungewöhnlich. Nach und nach erlahmte sein Widerstand. Zudem bestand ich so lala die Zwischenprüfung. Als ich dann auch noch Musik machte, ging unser Boss, wie auch mein Alter, nach einem letzten gemurmelten „Mein Sohn dürftest du nicht sein"[19] in die innere Emigration und sagte nix mehr.

Die CVJM-Keller-Ära ging zu Ende. Ich hing nicht mehr im Park hinterm Barmer Finanzamt ab, wo wir einen Sommer lang mit den attraktiven Mädchen[20] von der Realschule Hohenstein geschäkert hatten. Dort war mir auch Manfred (14) begegnet, der mir zeigte, wie man mit einem Markstück und einem „Haken" gratis Zigaretten rauchen kann. Auch das „Griechische Gästehaus" an der Friedrich-Engels-Allee, dessen interessante Beleuchtung und pausenlos laufende Musikbox mich einst so mutig gemacht hatten, dass ich mit Evi (17) das erste Tänzchen meines Lebens wagte, sah mich nicht mehr wieder: Irgendwann war mein Alter da aufgetaucht.

---

19 Ironie des Schicksals: Sein Sohn entwickelt sich so, dass er die Haare nicht nur schulterlang trug, sondern auch noch den Kriegsdienstverweigerer machte.
20 Ich erinnere mich lebhaft an Margit, Renate, Ulrike, Regine, Martina und Rosi ...

Rolf sah ihn zuerst. „Ronald, dein Alter!"
Ich wollte gerade im Boden versinken. Doch zu spät.
Der Alte deutete nur mit dem rechten Daumen über seine Schulter. „Raus!"
Es war 'ne klare Ansage. Warum ich nicht in dieser Kneipe sitzen durfte, erfuhr ich nie. Dass es damit zu tun hatte, dass ich noch nicht volljährig war, fiel mir nicht ein. Mein Alter war nicht gerade als Verfechter von Gesetz und Ordnung bekannt. Er hat in meinem Alter ganz andere Dinger gedreht. Für uns war das „Raus!" aber genug.

Es gab keinen Widerspruch. Rolf, der Polizistensohn, musste ohnehin kleine Brötchen backen: Er wollte nicht, dass sein Alter erfuhr, wo er verkehrte. Er erfuhr auch nichts. Mein Alter war keine Petze; er beließ es bei der einmaligen Verwarnung.

Auch die fröhlichen Nachmittage im Lindeschen Eiswerk, in dessen leeren Büroräumen ich mit drei sich Diabolos[21] nennenden Jünglingen kurzfristig musikalisch tätig war, fanden ein Ende. Gulasch-Peters Pommesbude (in der Hünefeldstraße) musste ebenfalls auf meine Besuche verzichten.

---

21 Die Diabolos bestanden anfangs aus Horst Dieter Schulte (Gitarre), Norbert Ebers (Gitarre) und Wolfgang Krunkauskas (Schlagzeug).
22 Diese Stiefel waren bei meiner Generation vermutlich auch deswegen sehr beliebt, weil sie kleine Jungs einige Zentimeter größer machten. Musiker dieser Ära, die lässig aussehen wollten, mussten sie tragen, da sie wie die Schlaghose, Vorboten einer ersten Jugendmode waren. Umso frustrierender war es, dass ich eines Tages meinem Opa mütterlicherseits, dem seligen Wilhelm Kürten (geb. 1898) an der Straßenbahnhaltestelle Loher Straße begegnete. Als er meine tollen, gerade gekauften Beatles-Stiefel sah, sagte er: „Hast schöne Stiefel an, Ronald." – „Es sind Beatles-Stiefel, Opa", sagte ich, stolz wie Oskar. Darauf Opa: „Heißen die jetzt so? Die haben wir früher auch getragen. Wir nannten sie Zugstiefel." Ich war sauer wie nur was, denn wer hört schon gern, dass sein Opa 1912 das Gleiche getragen hat?

Unsere traditionellen Ausflüge zum Campingplatz an der Bever-Talsperre, wo Uwe und ich mit Hemden protzten, auf denen THE BEATLES stand, mussten ebenfalls dran glauben.

Als frisch gebackener Snob entsagte ich dem Proll-Chic (Jeans) der Vergangenheit. Bald trieb ich mich, in schwarze oder graue Schlaghosen, karierte Jacken mit Schulterklappen und Beatles-Stiefeln[22] gekleidet, in der großen Welt herum: Als Frontman war ich ab August 1965 fast jedes Wochenende im Bergischen oder Oberbergischen Land auf Achse, wo wir in Lokalen unser Bestes gaben. Nach heutigen Maßstäben gemessen war unser Bestes vermutlich nicht viel, aber die Teens von damals waren nicht anspruchsvoller als wir und feierten uns wie echte Stars. Unsere Haare wurden länger, aber da unser Publikum in dieser Hinsicht mitspielte, fiel man irgendwann nicht mehr auf.

Es war nicht zu übersehen: Wir lebten in einer Zeit des Umbruchs.

Unsere Klamotten wurden bunter.

Die Röcke wurden kürzer.

Die Musik wurde lauter.

Die Kultur wurde britischer.

Die Jugendlichen wurden respektloser.

Am Anfang war alles noch unpolitisch, aber das sollte sich bald ändern.

Im Bergischen Land gab es plötzlich Lokale, in denen Amateurbands auftraten und britischen Gruppen wie den Beatles, den Rolling Stones und den Kinks nacheiferten. Deutsche Schluckauf-Rocker wie Peter Kraus glaubten, die „Yeah Yeah"-Phase würde sich nach einem Jahr totlaufen. Mein Ausbilder Kurt fragte mich allen Ernstes, was ich denn täte, wenn sich „nächstes Jahr" niemand mehr für die Beatles interessierte – und zeigte mir damit, dass er sie für irgendeine Tralala-Gruppe hielt, die irgendwann von den Blödels oder Dödels abgelöst werden würde.

Die Snobs (Ronnie am Gesangsmikrofon) Silvester 1965/1966 in Annis Tanzschuppen auf dem Ölberg

All diese Leute rafften überhaupt nicht, dass eine neue Zeit im Anmarsch war! Sie sahen nicht, dass die Beatles und ihre Epigonen eine kulturelle Umwälzung in Gang setzten, die die Welt[23] noch nicht gesehen hatte.

Sämtliche Bereiche unseres Lebens – Musik, Mode, Theater, Film, Literatur, Politik – wurden plötzlich in Frage gestellt. Die Unterhaltungsindustrie, der man Vieles nachsagen kann, nur nicht dass sie blöd ist, erkannte die Zeichen der Zeit, sprang auf den Zug auf und produzierte, was die Leute haben wollten.

Aus der Filmzeitschrift Bravo wurde eine Musikzeitschrift. Alte Zöpfe wurden abgeschnitten: Die FDP benannte sich in F.D.P. um. Die Umwälzungen waren so nachhaltig, dass sie die Welt tatsächlich veränderten: Auf in der Nordsee ankernden Schiffen wurden Piratensender installiert, die dem öffentlich-rechtlichen Spießerrundfunk und seinen „Schlagerparaden" das Leben schwer machten.

---

[23] Ich nehme mir mal die Freiheit und sage „Welt", obwohl ich nur die westliche Welt meine: Dort, wo der Imam die Menschen zum Gebet ruft, hat man auch 50 Jahre nach Liverpool von Rock 'n' Roll nichts gehört. Im Orient frönt die Jugend noch heute der Katzenmusik, die ihre Ahnen schon um 1492 begeisterte.

Radio Veronica und Radio Caroline spielten rund um die Uhr die britischen und amerikanischen Top Twenty und (mehr): Elvis Presley, die Everly Brothers, Jerry Lee Lewis, Buddy Holly, Eddie Cochran, Fats Domino, Duane Eddy, Johnny Ray – die Favoriten der Entenarschfrisuren, kamen immer seltener darin vor. Die Platten der Helden der 1950er Jahre wurden wie Sauerbier angeboten und lagen irgendwann auf den Ramschtischen der Kaufhäuser.

Wer den Beat für 'ne Welle hielt, die irgendwann verebben und die Jugend zu Conny & Peter zurück bringen würde, irrte sich gewaltig.

Eine Ära endete. Meine Generation widersetzte sich erfolgreich Eltern und Erziehern und ließ sich 'ne Mähne wachsen.

Ich sortierte meine Interessen um: Obwohl ich schon mit 16 Jahren eine utopische Erzählung veröffentlicht hatte, wusste ich, dass ich, um einen Roman aufs Papier zu kriegen, noch einige Jahre reifen musste. Ich mottete meine Schreibmaschine ein und legte meinen Plan, als SF-Autor reich und berühmt zu werden, auf Eis.

Musik zu machen war das Gebot der Stunde!

An der Gitarre war ich eine Lusche, aber ich hatte im Gegensatz zu meinen Freunden keine Probleme, mich ans Mikro zu stellen und so zu tun als könnte ich englische Lieder singen.

Die Texte hatte ich damals entweder nur phonetisch drauf oder „erfand" sie spontan während des Auftritts: „Get Off Of My Cloud" von den Rolling Stones war gerade eine Woche auf dem Markt als wir es am 23. Dezember 1965 bei einem „Beat Festival" in Emmi Maiss' Lokal spielten. Ich hatte den Song höchstens fünfmal gehört, deswegen musste ich mir meinen eigenen Nuscheltext dazu machen. Der Gedanke daran, wie rotzfrech wir vorgegangen sind, lässt mich noch heute vor Scham erröten! Das Schöne aber war: Niemand hat die Improvisation bemerkt, und wir haben trotz der Konkurrenz der grandiosen Beatkids den 2. Platz belegt.

Manchmal waren meine verbalen Improvisationen allerdings so nah am Original, dass es mir gelang, Muttersprachler zu foppen! Zum Beispiel im Jahr 1965, beim ersten Engagement unserer Band, für das es Gage geben sollte. Der Gig führt die frischgebackenen Snobs in ein Hotel (!) nach Bielstein. Dessen Besitzer wollte nämlich „mit der Zeit gehen" und seinen Gästen, die am Wochenende zum Schwofen mit dem Bus anreisten, „moderne Musik" bieten.

Was konnte da wohl geeigneter sein als der Beat, der gerade in aller Munde war?

Drummer Peter, der den Auftrag an Land gezogen hatte, fragte den Hotelier, ob er wisse, was wir so machen.

Ja, sicher, sagte der Mann. Später stellte sich raus, dass er sich sowas wie „die jungen Leute von heute" vorgestellt hat: Conny und Peter, etc. [24]

Die Snobs wurden (ohne vorzuspielen) – mit Vertrag und allem Zipp & Zapp – für vier Wochenenden engagiert!

Das Hotel hatte 'ne schöne Bühne. Als die Gäste antanzten, piekvornehm, weißes Hemd, Krawatte, Anzug, dachten die Snobs sich nix dabei, denn damals war es – Kinder, aufgepasst! – völlig normal, dass man am Wochenende nicht wie der letzte Heckenpenner rumlief und der Zwickel der Jeans einem nicht auf der Höhe der Kniekehlen hing.

Dass die Gäste vom Alter her unsere Eltern hätten sein können, war aber schon irgendwie anders. Aber, dachte sich der Snob: Unsere Generation kommt noch.

Denkste!

---

24 Würg.

Nach der ersten Runde erwies sich, dass der Hotelier wirklich nicht wusste, was er sich mit uns ins Haus geschleppt hatte: Die Gäste waren heftig irritiert, als wir ihnen „Zip-A-Dee-Doo-Dah" in die Gehörgänge brüllten: Sie verließen reihenweise die Tanzfläche und eilten raus, um bei der Konkurrenz nebenan am Tresen einen zu heben.

Ich raunte den Kollegen nach dem ersten Set zu: „Das geht so nicht weiter ... Ich schlag vor, ihr zieht mal die Shadows- und Spotnicks-Abteilung durch ... Ich hebe derweil einen im Publikum und erkundige mich nach der Stimmung."

Die Stimmung war deutlich: Die Spießer empfanden unser Repertoire – „You Really Got Me", „Jack the Ripper" und „Satisfaction" – als laut.

Und außerdem ...

Warum müssen die *langhaarigen Affen* alles in *englischer* Sprache singen, hm?

Der Schluss war schnell gezogen: Ich hatte, wenn ich nicht gerade einen Schmusesong wie „And I Love Her" sang, an diesem Abend viel Freizeit. Die Snobs machten jede Menge Instrumentales, bei dem die *alten Leute*[25] schwofen konnten. Nach dem Ende der Vorstellung verzogen wir uns in eins unserer beiden wirklich toll eingerichteten Hotelzimmer und besprachen die Lage, denn natürlich war uns klar, dass wir in diesem Laden völlig fehl am Platze waren.

Nur einer fehlte: Peter, der Drummer. Eine Stunde später kam er rein und schwenkte triumphierend 1.200 DM Bargeld!

Wie sich herausstellte, hatte der Hotelier nichts unversucht gelassen, um den mit uns geschlossenen Vertrag zu kündigen. Leider hatte er die Rechnung ohne unseren eloquenten Peter gemacht, der geschickt andeutete, er sei „beim Gericht beschäftigt" und wisse, dass er damit nie durchkäme: „Keine Band kriegt

---

25 Die „alten Leute" waren (geschätzt) im Schnitt Mitte dreißig.

mitten im Monat ein *Angaschmang*, das ist Ihnen doch wohl klar, mein Herr."

Der Hotelier, ein echter Ehrenmann, sah dies dann auch seufzend ein und zeigte sich froh, dass er die sein Geschäft schädigenden Snobs gegen Auszahlung der gesamten Monatsgage nach nur einem Abend loswurde.

Wir pennten, nun steinreich, wie die Murmeltiere eine Nacht in seinem feinen Hotel.

Ach ja, die englische Sprache! Ein schönes Erlebnis hatte ich an diesem Abend trotz alledem: In der ersten Pause kam ein im Publikum sitzender waschechter Liverpooler zu mir und sprach mich fröhlich in seiner Muttersprache an. Er hielt mich für einen Landsmann. Niemand fühlte sich kleiner als ich, als ich ihm gestand, dass mein Englisch leider nur rudimentär entwickelt und meine Aussprache eine Folge der Nuschelei jener Liverpooler Bands war, deren Songs ich mir phonetisch eingeprägt hatte. Das Schöne am Musikerdasein war auch, dass man bekannt wurde! Na ja, nicht ganz so bekannt wie John, Paul, George und Ringo. Aber immerhin so bekannt, dass man auf der Straße von Mädchen gegrüßt wurde, die man wegen der schlechten Lichtverhältnisse in den Beatschuppen Wuppertals nie genau hatte sehen können. Ich war schon damals so kurzsichtig wie ein Maulwurf, wäre aber nie auf die Idee gekommen, auf der Bühne eine Brille zu tragen! Ein Beatnik mit Brille war unmöglich! Man brauchte sich nur Buddy Holly anzuschauen! Der sah mit seinem Nasenfahrrad wie ein Oberdepp aus! Hätte man sein Gesicht damals auf Plattenhüllen gedruckt, wären die Mädels kreischend abgehauen!

Von Mädchen auf der Straße gegrüßt zu werden gefiel mir, und auch den anderen Snobs.

Als Snob kam ich rum: Allein im Januar 1966 haben wir neunmal bei Anni Rost in der Charlottenstraße gespielt. Am 21.1. lief der Beatles-Film „Hi-Hi-Hilfe!" an, den wir natürlich nicht verpassen durften. Tags drauf düsten wir nach Hückeswagen in den Gasthof „Zur Krone", oben auf dem Hügel, nicht fern vom Schloss.

Dort traten gerade die in Wuppertal großen Respekt genießenden Beatkids auf, die Stones- und Pretty Things-Stücke spielten. Mein Berufschulkumpan Wolfgang Petzold machte die Rhythmusklampfe. Der Leadgitarrist war ein pummeliger sechzehnjähriger Lockenkopf namens Heiner, den alle Welt „Memphis" nannte. Was Memphis aus einer 98-Mark-Gitarre rausholte, machte alle Schrapper im Tal grün vor Neid.

Wir fuhren aber nicht nur nach Hückeswagen, um die Beatkids zu bestaunen, sondern wir sollten vorspielen. Eine Woche später standen wir auf der Kronen-Bühne und machten „Zip-A-Dee-Doo-Dah", „Satisfaction", „Bye Bye, Johnny" und ähnlichen Kram.

In der Pause teilte uns die Geschäftsleitung mit, es hätte sich telefonisch ein Typ namens Peter Nelles avisiert, der uns seine Aufwartung machen wolle. Pah, dachte ich, wer ist schon Peter Nelles? Mit einem Namen wie Peter Nelles kann man doch kein Held sein! Während der Show kam er dann rein und präsentiert sich als Veranstalter auf der Suche nach neuen Talenten.

Ich weiß nicht, ob meine Snobs-Kollegen an Plattenverträge, Fernsehauftritte und ähnlichen Unfug dachten: Ich malte mir allenfalls nur ein paar hübsche Gigs im Oberbergischen Kreis aus.

Und so kam es dann auch! Wir gefielen dem wackeren Peter! Er buchte uns für zahllose Gigs im Umkreis von Wipperfürth, wobei mir besonders das gastfreundliche Örtchen Hartegasse in Erinnerung geblieben ist.

Der Abend im Gasthof Zur Krone blieb mir aber auch aus anderen Gründen unvergesslich: Als wir zur Geisterstunde – wie mit dem Wirt verabredet – Feierabend machen wollten, bewarfen die Gäste uns mit Flaschen!

Ronnie 1966, zu Gast im „Roxy", bei den Swingbeats

Ich weiß nicht, was wir als schlimmer empfanden: dass es sich um Flaschen oder um *leere* Flaschen handelte!

Um ungeschoren nach Hause zu kommen, mussten wir ein paar Zugaben liefern. Immerhin waren wir bei den Leuten so gut angekommen, dass wir unseren Auftritt am nächsten Tag wiederholen durften.

Anfang Februar traten wir in Volmarstein vor dem dankbarsten Publikum auf, das ich je erlebt habe; den Gig hatte uns mein späterer Schwager vermittelt. Auch dieser Tag ist mir auf ewig unvergesslich: Im Wilhelmstübchen stand nämlich am gleichen Abend Benny Quick auf der Bühne. Ich hatte ja nichts gegen ihn (auch wenn Bob Dylan mir lieber war), aber dass meine Freundin diesen Kasper den Snobs vorzog, machte mir lange Zeit seelisch schwer zu schaffen.

Im Februar fanden sich die Snobs (dank des umtriebigen Peter Nelles) bei einem Auftritt in der rheinischen Metropole Wipperfürth wieder! Als wir von Hückeswagen aus über Ober-, Mittel-, Unter-, Holz-, Klas-, und Böswipper fuhren, erspähten wir zu unserer maßlosen Verblüffung an jedem Hühnerstall Plakate, auf denen stand: *„The Snobs – bekannt durch Fernsehen und Radio Luxemburg."*

Dass unser Veranstalter geschäftstüchtig war, konnte niemand bestreiten. Ich persönlich wäre jedoch gern im Boden versunken, denn Menschen, die noch schamloser übertreiben als ich kann ich nun gar nicht ab.

Uns klappte kollektiv der Kiefer runter, aber der Saal, in dem wir auftraten, war voll! Peter hatte sogar zwei Vorgruppen organisiert, die sich freuten, mit uns *berühmten* Typen aufzutreten. Wir kamen uns wie die Beatles vor ...

Im Nachhinein kommt es mir unglaublich vor, was ich als junger Spund im 20. Jahrhundert für Dinger gedreht und überlebt habe, obwohl es noch keine Kindersicherung gab und die Obrigkeit Delinquenten nicht ermahnte, sondern verdrosch: Wir haben uns mit 14 in Filme geschmuggelt, die erst ab 16 freigegeben waren und saßen mit 15 in Filmen ab 18. Sonntags hat so mancher Knabe massenhaft Adrenalin produziert, wenn er erst 14 war und in einem Film ab 16 saß, besonders dann, wenn mitten im Film plötzlich Polizisten ins Kino kamen (im schlimmsten Fall Gunnar K.'s Alter, ein besonders harter Vertreter der Staatsmacht). Dann beteten auch die Ungläubigen: Lieber Gott, lass sie zu der faulen Truppe gehören, die sich für 'ne Viertelstunde in die letzte Reihe setzt und dann wieder abhaut.

Wir haben im Kothener Busch und auf dem Zeltplatz an der Bevertalsperre Bier aus der Flasche geschlappt. Wir haben wie die Ketzer gepafft und uns dreckige Witze erzählt. Wir haben einem Bauern im Raum Hückeswagen ein Huhn geklaut, es mit einem Pfadfinderbeil geschlachtet und gebraten. Im Alter von 16 Jahren hab ich mich nach einem Auftritt mit den Snobs gegen 1.00 Uhr nachts in den Nachtclub „Maxim" gewagt, auf einen Barhocker geschwungen und mir einen Gin Fizz bestellt, denn ich wollte unbedingt mal einen Striptease sehen. Die restlichen Snobs, die zwei bis drei Jahre älter als ich waren, waren zwar ebenso neugierig wie ich, brauchten aber eine Viertelstunde, bis sie genügend Mut zusammengeklaubt hatten, um mir zu folgen. Der Strip, den wir zu sehen kriegten, war freilich weit weniger geil als das Gefühl, etwas Verbotenes getan zu haben.

Haus Quellenburg, ein angesagter Beatschuppen des frühen 20. Jahrhunderts

Bis zum 16. Lebensjahr musste ich um 20.00 Uhr zu Hause sein. Als ich bei den Snobs einstieg, änderte sich praktisch alles über Nacht. Da ich nun so 'ne Art Musiker war, gestand mein Alter mir alles zu. Wann ich nach Hause kam, interessierte niemanden mehr [26].

Wenn wir in der Quellenburg, einem uralten Gemäuer in dem Nest Schee spielten (wir traten dort jedes Jahr mindestens zwei bis drei Monate auf), kam ich natürlich erst nach Hause, wenn Peter oder Horst, die einzigen Snobs mit eigenem Wagen, talwärts fuhren. Wichtig war meinem Alten nur, dass ich seiner Maurer-Maxime treu blieb: „Wer saufen kann, kann auch arbeiten."

Es war eine tolle Zeit.

Irgendwann musste sie natürlich enden ... Irgendwann kommt die Routine, und dann läuft sich alles tot. Nach der Routine kam die Stereoanlage. Dann kamen die Diskotheken, in denen sie liefen. Alles klang plötzlich tausendmal besser als das, was wir machten.

---

[26] Obwohl man damals erst mit 21 Jahren volljährig war und unter 18-jährige um 21.00 Uhr das Tanzlokal zu verlassen hatten.

Irgendwo im Ruhrgebiet kamen wir in einen Laden, in dem ich zum ersten Mal Musik aus einer Stereoanlage hörte: Es lief ein Stück von den Kinks. Der Klang war so perfekt als wären sie persönlich anwesend.

Ich war noch nicht ganz in dem Laden drin als mir klar wurde, dass schon wieder eine neue Ära auf der Schwelle stand. Doch in dieser Ära kamen Live-Musiker schon aus Kostengründen nicht mehr vor ... Nach der Diskothek kam schließlich das, was man „Soul Music" nannte.

Nix für mich.

Ich hatte eine feste Freundin, aber zu wenig freie Zeit. Geld hatten wir auch nie verdient, weil alles in die Anlage und einen Band-Bus gesteckt wurde. Ich dachte mir, hol doch die Schreibmaschine wieder aus dem Schrank und gib deiner Autorenkarriere neuen Schub. Ich glaubte auch, dass wir musikalisch auf der Stelle traten und die Diskowelle uns irgendwann den Garaus machen würde.

Bei einer der quartalsmäßigen „musikalischen Differenzen", ohne die Musiker nicht funktionieren können, übertrieb ich es, rastete aus und warf die Brocken hin.

Danach schrieb ich viele Kurzgeschichten, die in Fanzines veröffentlicht wurden und wagte mich an den ersten Science Fiction-Roman, den aber niemand druckte, weil er grottenschlecht war.

Es war, wie gesagt, eine tolle Zeit, die mich natürlich auch geprägt hat.

Wie sehr, zeigt sich daran, dass ich Jahrzehnte später eine Science Fiction-Story über einen mysteriösen Besucher aus der Zukunft schrieb, der ins Jahr 1965 zurück reist, um jemandem einen Rat zu geben ...

Die Geschichte basiert auf einem tatsächlichen Ereignis. Wer wissen will, von wem sie handelt, kann sie nun lesen.

Alle anderen blättern bis zu den drei Sternchen (***) weiter ...

YESTERDAY

Als das silberne Wirbeln um mich herum verblasste, wusste ich, ich war im Jahr 1965 angekommen.

Der Abend war finster. Auf dem Bürgersteig türmte sich der Schnee. Die wenigen Autos, die am Heiligabend unterwegs waren, verspritzten Matsch. Die Straße, in der die großen Kaufhäuser standen, war festlich geschmückt. Hinter den Fenstern der Wohnhäuser flackerten Kerzen, angezündet für unsere Brüder und Schwestern in der Zone, die unter dem Regime der, wie Konrad A. zu sagen pflegte, „Zoffjets" schmachteten.

Die Kneipe, deren Tür ich öffnete, nannte sich „Zur blauen Schotte". Sie war die übelste Kaschemme in diesem Teil des Tals und wurde nur von Menschen frequentiert, denen man ansah, dass sie ausschließlich von Alkohol lebten.

An diesem Abend standen aber auch fünf Figuren an der Theke, die nicht hierhin gehörten.

Das Haar wuchs ihnen über den Kragen. Sie waren in karierte Jacken und Jeans gekleidet und trugen Beatles-Stiefel.

Sie waren alle weitaus jünger als der Abschaum, der sich stieren Blickes am Bier festhielt. Sie wirkten wie Fremdkörper.

Ich wusste, warum sie hier waren, statt sich zu Hause um den Gabentisch zu scharen: In ihnen regte sich das erste zarte Pflänzchen jugendlichen Protests. Weihnachten war spießig, und da alle seriösen Kneipen heute Abend geschlossen waren, mussten sie halt mit dieser hier zufrieden sein.

Ich bestellte ein Bier und musterte die Jungs. Sie waren alle um die sechzehn. Man sah ihnen die Musiker an, und einer hatte sogar einen Gitarrenkoffer dabei. Sie qualmten wie die Schlote, unterhielten sich über aktuelle Platten und planten ihren nächsten Auftritt.

Dann sah ich ihn. Ich kannte ihn genau. Er war blass, hatte blaue Augen, das längste Haar und rauchte Peter Stuyvesant. Er trug eine schwarze Hornbrille.

Vor ihm, auf der Theke, lagen eine Beatles-LP – Rubber Soul – und die Nr. 10 des SF-Magazins Galaxis vom Dezember 1958.

Das Cover zeigte, wie immer im Monat der Liebe, einen Weihnachtsmann, der außerirdische Kindlein beschenkt.

Ich kannte nicht nur das Titelbild, ich kannte auch den Inhalt dieser Ausgabe:

„Vorsicht, Marsmensch" von Raymond Z. Gallun
„Der Altar um Mitternacht" von Cyril M. Kornbluth
„Fehldiagnose" von Peter Phillips
„(e x t = e2) e steht für Eldrigde, t für Zeit" von Robert Sheckley
„Im Reich der Toten" von William Tenn

Und nicht nur das: Ich hatte die Ausgabe, wenn auch in weniger gut erhaltenem Zustand, in der Jackentasche.

Als ich sie herauszog und vor mich auf den Tresen legte, schaute der Junge mit der schwarzen Hornbrille auf.

„SF-Leser? Oder echter Fan?"

Ich zuckte die Achseln. „Ich les' so was schon mal."

Er beäugte mich aus kurzsichtigen Augen. „Ich fress das Zeug. Meine Freunde halten mich für bescheuert. Die glauben nicht an den Flug zum Mond." Er lachte leise. „Als würde mich so was interessieren ..."

„Keiner glaubt dran", sagte ich. „Aber im Jahr 2000 wird's kaum noch jemanden geben, der *nicht* an Fliegende Untertassen und Außerirdische glaubt."

„*Das* kann ich mir ums Verrecken nicht vorstellen", sagte der Junge.

„Glaub mir", sagte ich. „Im Jahr 2000 werden die Leute alles glauben. Du wirst phantastische Zeiten erleben."

Er zupfte sich an der Nase. „Ich würd's ja gern glauben, aber meine Freunde ..."

Er deutete auf die sich zuprostenden anderen, die nun zu viert „Nowhere Man" anstimmten und die Blicke der fischäugigen Penner auf sich zogen, die sie in verschiedenen Stadien körperlichen und geistigen Verfalls umgaben. Wahrscheinlich hielten sie die Jungs für Engländer, denn damals sprachen nur gebildete Stände Englisch.

Ich hätte jeden Betrag darauf gesetzt, dass sie es sich nicht vorstellen konnten, dass dieses Lokal im Jahr 2000 von Türken bevölkert sein würde. Für 1965 war das nun *wirklich* Science Fiction.

„Ich weiß einfach nicht, was ich bis dahin machen soll", sagte der Junge. Seine Augen blitzten mich durch die Brillengläser an. „Wissen Sie, mein Gehör ist gut genug, um zu wissen, dass wir nie so was wie die Beatles werden ... Dazu ist unser Gesang zu schlecht ..." Er beugte sich vor. „Meine Freunde träumen von der großen Karriere, von Schallplatten, von Auftritten in großen Sälen ... am liebsten im Star-Club in Hamburg ..."

„Man muss nur an sich glauben und an sich arbeiten", sagte ich vorsichtig und trank einen Schluck.

War das die Gelegenheit? Ich wollte nicht mit der Tür ins Haus fallen. Der Gesang der Burschen war wirklich schauerlich. „Übung macht den Meister."

Der Junge schüttelte den Kopf. „Ich weiß nicht ... Ich weiß es wirklich nicht. Musik ist mein Leben ... Ganz besonders die der Beatles. Aber ... Ich kenn auch meine Grenzen."

Sein Blick fiel auf das *Galaxis*-Heft. „Ich würde auch ganz gern schreiben. So was." Er nahm das Heft in die Hand. „Sheckley, Tenn, Kornbluth ... die haben was auf'm Kasten. Ideen hätt ich auch ... Ich hab sogar schon mal was in dieser Art geschrieben ...

Nix besonderes ... Nur kurze Sachen ..."

„Tenn find ich auch gut", sagte ich. „Was hältst du von Gallun? Und Phillips?"

Er zuckte die Achseln. „Gallun ist mir zu altmodisch. Phillips kenn ich nicht. Mir gefällt Bradbury. Und Sturgeon. Und Van Vogt. Und Dick."

„Mir auch", sagte ich. „Aber wer weiß, ob die im Jahr 2000 noch jemand lesen will. Da sitzen die Leute vielleicht den ganzen Tag vorm Fernseher."

Der Junge schnaubte verächtlich. „Bei *dem* Scheiß-Programm?"

„Dann gibt's vielleicht zehn, zwanzig oder dreißig Programme."

Er lachte. „Wie in Amerika? Bei uns? Unmöglich." Er schüttelte den Kopf. „Nee, die Typen werden immer gelesen. Wahre Klasse setzt sich durch." Er schaute sich um. „Ich bin sechzehn, Mann. Ich bin unsterblich. Wenn ich jetzt anfang, hab ich vielleicht mit einundzwanzig den ersten Roman raus – und von unserer Band redet kein Schwein mehr."

„Musik wird immer gehört."

„Ja, aber welche? – Ich will keine Schlager singen, wie Roy Black oder Rex Dildo." Er sagte tatsächlich *Dildo*, aber ich nahm an, dass es eine Spitze war.

„Musiker machen viel mehr Kohle als SF-Autoren."

„Aber sie müssen spielen, was andere komponieren."

„Es sei denn, sie komponieren selbst."

Der Junge seufzte. „Sehen Sie? Da liegt der Hase im Pfeffer. *Ich* bin kein Komponist. Und meine Freunde sind auch keine."

Seine Freunde waren auch keine Sänger, obwohl sie sich nicht scheuten, nun „Norwegian Wood" anzustimmen.

Ich seufzte. Nostalgische Gefühle wurden in mir wach. Auch ich hatte sie über alles geliebt, die vier Genies aus Liverpool. Als der blöde Chapman John Beatle in New York erschossen hatte, war ich verzweifelt gewesen. 1995 hatte ich vor Johns Haus gestanden.

„Ich denk schon geraume Zeit darüber nach", sagte der Junge, nachdem er sein Glas geleert und sich den Schaum von den Lippen gewischt hatte. „Ich glaub, ich häng die Musik an den Nagel."

„Um zu schreiben?"

Er nickte.

„Überleg dir das gut", sagte ich. „Erfolg wirst du nur haben, wenn du dem Volk nach dem Maul schreibst. Da bist du nicht besser dran als 'n Schlagersänger."

Er schaute mich an. „Kennen Sie sich in der Verlagsbranche aus?"

„Wirk' ich so?"

„Eigentlich schon." Er räusperte sich. „Ich kenn 'n paar Typen, die schon mal SF lesen – aber die wissen nie, *wer* die Sachen geschrieben hat. Die achten nicht darauf, wie die Autoren heißen. Aber Sie kennen sogar William Tenn ... und der ist nun wirklich nicht berühmt."

„Hm." Ich hatte mich verraten. „Na, schön", sagte ich und bestellte für ihn und mich noch ein Bier. „Ich hab das Zeug *früher* auch gefressen."

„Früher? Wie alt sind Sie denn?"

„*Alt.*"

„Also wirklich ..." Der Junge rückte seine Brille gerade.

Seine Freunde lachten über irgendeinen Witz, doch sie ignorierten uns. Wahrscheinlich kam es ihnen nicht ganz koscher vor, dass ihr fünfter Mann sich mit einem alten Knacker unterhielt und sich von ihm ein Bier spendieren ließ. Aber 1965 waren alle knapp bei Kasse und Freibier stets willkommen. Ich gab auch ihnen eins aus, und alle prosteten mir zu.

„Schreiben Sie ... auch?", fragte der Junge neugierig.

Ich musterte ihn genauer. Er sah älter aus als sechzehn. Er hatte eine winzige blonde Freundin, die am Heiligen Abend nicht raus durfte und bestimmt entsetzt gewesen wäre, hätte sie ihn in diesem Umfeld gesehen. Er hatte eine rothaarige Schwester, die neun war. Was er nicht hatte, waren ein Kinderzimmer und eigene Schallplatten. Sein Alter konnte die Beatles nicht ausstehen und wollte ihre Musik nicht hören.

Ich wusste alles über ihn. Ich wusste auch, dass er die Musik bald an den Nagel hängen und anfangen würde, einen Roman zu schreiben. Ich wusste, dass er danach mit sich hadern und erst im Alter von zwanzig den nächsten Versuch unternehmen würde. Sein erster Roman würde 1971 erscheinen.

Was heißt schon Roman. Es würde ein Heftchen sein. Aber es würde ihn stolz machen.

Ich war hier, um es zu verhindern. Ich war hier, um dafür zu sorgen, dass er bei der Musik blieb, dass er ordentlich Bass spielen lernte, damit er, wenn die Beatles sich trennten, zur Stelle war, um Klaus Voormanns Platz bei der Plastic Ono Band einzunehmen.

Es war ein irrsinniger Plan, auch das wusste ich. Er würde den Geschichtsverlauf der ganzen Welt verändern.

„Tu's nicht, Ronald", sagte ich. „Fang *nicht* an zu schreiben. Mach weiter Musik. Vielleicht erlernst du das Komponieren ... Vielleicht ..."

„Sie wissen, wie ich heiße?" Der Junge starrte mich an.

„Hat nicht einer von deinen Kumpels gerade Ronald zu dir gesagt?"

Mir brach der Schweiß aus. Mir wurde übel.

Doch er glaubte mir wohl. Aber meine Konzentration war dahin. Alle wohl überlegten Worte waren mir entfallen.

Der Wirt legte eine Platte auf. *Süßer die Glocken ...*

Der an den schmutzigen Tischen sitzende Abschaum der Menschheit fing an zu flennen, und die jungen Musiker schauten sich betreten an.

Die Luft war raus. Ich zitterte, und der Irrsinn meines Vorhabens wurde mir bewusst. Die Zeithülse, die mich durch die Jahrzehnte getragen hatte, klebte unter meinen Kleidern kalt an meinem nackten Leib.

Welch ein Schwachsinn, dachte ich. *Welch ein Schwachsinn. Kannst du ihn seine Fehler nicht selber machen lassen? Hast du vergessen, wie du in seinem Alter warst?*

„Ich glaub, ich geh jetzt lieber", sagte ich.

„Ist Ihnen schlecht?", fragte er. „Sie sehen blass aus ..."

„Ich bin halt 'ne blasse Gestalt", sagte ich. Ich legte einen Zehner auf den Tisch und nickte ihm zu. „Tschüss."

„Tschüss", sagte er. „Hat mich gefreut ..." Er schaute mich sinnierend an. „Ich frag mich schon die ganze Zeit, an wen Sie mich erinnern", sagte er, als ich zur Tür gehen wollte. „Gerade, als ich sie von der Seite gesehen hab, hab ich geglaubt, Sie hätten 'ne gewisse Ähnlichkeit mit meinem Alten. Aber das kann ja wohl nicht sein. Der ist nämlich ein Arsch."

„Vielleicht ändert er sich noch", sagte ich. „Im Jahr 2003 sprechen wir uns vielleicht mal wieder."

Er lachte. Ich nickte ihm zu und trat in die mörderische Kälte hinaus.

Schlimmer konnte es am Oberlauf des Yukon auch nicht sein.

Die Straßen waren menschenleer. Ich fragte mich, ob er irgendetwas von unserem Gespräch bis zum Jahr 2003 behalten würde.

Ach, was.

Ich müsste mich doch dran erinnern.

***

P. S. Lass dir mal die Haare schneiden!
Ein letztes groteskes Erlebnis, bei dem die Länge meiner Haare eine tragende Rolle spielten, hatte ich im Kreise einiger Damen und Herren, die alle ungefähr Anfang zwanzig waren, aber schon teure Autos fuhren.

Sie vergnügten sich in einem Landhaus irgendwo im Bergischen Land. (Es war dunkel als wir dort ankamen, und ich war vermutlich leicht angeschickert, deswegen sind meine Erinnerungen an die Fahrt und die Endstation verblasst.) Die Schwester meiner Braut und ein dort verkehrender Herr (ein ansehnlicher Bursche mit ausgezeichneten Manieren) nahmen uns nach einem Auftritt der Snobs dorthin mit.

Wir stießen auf ein lässiges Völkchen von Söhnen und Töchtern, dem es an nichts zu fehlen schien und das so kuhl war, dass niemand dem anderen irgendwas missgönnte, auch dann nicht, wenn es sein Eigentum war. So fragte zum Beispiel Sohn A. den Sohn B., wo denn sein Porsche stünde und erhielt zur Antwort, dass Sohn C. mit dem gerade unterwegs sei, um dieses oder jenes zu tun oder von irgendwoher abzuholen. Sohn A. reagierte auf diese Auskunft ebenso kuhl und erwiderte „Na, dann nehm ich mal eben den BMW von Sohn D. Wo sind die Schlüssel?"

So ging es den ganzen Abend. Mal fuhr dieser Sohn mit jenem Auto fort, dann kam jener Sohn mit diesem Auto zurück, mit dem dann Sohn E. oder F. irgendwas zu erledigen hatte.

Die Leute waren echt lässig, Mann, ungefähr so lässig, wie Klein-Ronnie aus Prolltal sich das fröhliche Leben der Typen vorstellt, die Sohn von Beruf sind. Versteht mich nicht falsch: Die Typen waren wirklich nett und kultiviert, und sie waren auch freigebig, denn in dem schönen Landhaus, vor dessen Eingang acht bis zehn dicke Schlitten parkten, gab es auch Getränke für lau. Es hätte ein schöner Abend werden können …

Doch hatte eine der anwesenden höheren Töchter vermutlich die letzten Jahre in der Arktis verbracht. Als sie mich sah, artikulierte sie ihre Abneigung vor meiner Frisur in aller Öffentlichkeit ungefähr so, wie es Roland Freisler von Adolfs Volksgerichtshof getan hätte. „Schäbiger Lump" (© 1944 by Roland Freisler) hat sie mich allerdings nicht genannt.

Ich war fassungslos.

Ich muss sagen, dass mich die herabwürdigende Tirade dieser blöden Ziege so geärgert hat, dass ich mich noch heute daran erinnere. Hoffentlich hat ihre große Liebe sie sitzen und alles mitgehen lassen, was Papa ihr vererbt hat. Sowas hatte ich wirklich lange nicht mehr gehört.

Ich weiß nicht mehr, wie mein Kontra klang, aber da man uns nicht raus warf, bin ich wohl im Rahmen dessen geblieben, was die High Society einem durchgehen lässt, ohne auf Schmerzensgeld zu klagen.

Später holte mich dann die Bundeswehr.

Als ich nach einem halben Jahr Zucht und Ordnung in unsere Innenstadt kam und alle ehemaligen HJ-Köppe und Entenarschfrisuren mit schulterlanger Matte durch die Poststraße flanieren sah, wusste ich: Die Szene ist tot.

Die Stereoanlage und die Diskothek hatten 30 Bands meiner Vaterstadt über die Klinge springen lassen. Es überlebten nur jene Beatniks, die sich, mit Tröten verstärkt, beim neuesten Trend einschleimten, der Soul Music ...

Nix für mich, Leute.

Horst Hinrichs

Haarige Zeiten

1. Dein Stahlhelm ist schon gepresst
„Morgen gehst du zum Frisör!" meinte meine Mutter zum x-ten Mal und versuchte mir dabei 2 DM in die Hand zu drücken.

„Lass mich jetzt endlich in Ruhe", rief ich empört. „Das sind meine Haare und nicht deine."

„Was sollen denn die Leute denken?", schimpfte sie weiter. „Wir sind doch hier nicht bei den Hottentotten!"

(Hottentotten war eine in der Kolonialzeit von den Buren verwendete Sammelbezeichnung für die in Südafrika und Namibia lebende Völkerfamilie der Khoikhoi)

„Is' mir doch egal was die denken, sind eh alles Spießer."

In der Nacht beschlich mich plötzlich ein unheimliches Gefühl. Ich wachte auf und sah meine Mutter doch wahrhaftig mit einer Schere an meinen Haaren rumhantieren. Blitzschnell sprang ich auf und rannte zum Spiegel. An der linken Seite fehlten etwa zwei cm von meinen Haaren! War die denn jetzt völlig bekloppt geworden?

Ich war entsetzt! Wie sollte ich mich in Zukunft gegen solche Attacken wehren? Schließlich hatte ich als Nachkriegskind kein eigenes Zimmer, das ich einfach abschließen konnte.

Der Krieg war zwar schon 19 Jahre vorbei (ich war 17 und wir schrieben das Jahr 1964) aber wir lebten immer noch sehr beengt. Wohnzimmer, Küche und Schlafzimmer lagen hintereinander und ich schlief im Wohnzimmer auf einer ausklappbaren Couch.

Mein Bruder, der sechs Jahre älter war als ich, war zum Glück ausgezogen, so dass wir etwas mehr Platz hatten. Er war nach Berlin gezogen, damit er nicht zur Bundeswehr musste. – Durch ein Veto der Alliierten gab es in Westberlin damals keine Wehrpflicht.

Auch in der Arbeit gab es Ärger. Angeblich würde ich in der Autowerkstatt Kunden abschrecken.

Und warum das Ganze? Nun, ich war ein begeisterter Beatle-Fan und wollte so aussehen wie meine Vorbilder. Außerdem  machte man mit langen Haaren in der Disco einen viel cooleren Eindruck. Letztendlich fand ich die meisten kurzhaarigen Spießer einfach doof und langweilig! Außerdem war das Ganze ein Erkennungszeichen; man traf andere Langhaarige irgendwo und schon hatte man einen guten Draht zu denen.

Je schlimmer der Terror von außen wurde, umso mehr hielten wir Beatniks zusammen! Terror war tatsächlich der richtige Ausdruck. Wir wurden praktisch ständig tyrannisiert!

Das ging morgens auf dem Weg zur Arbeit schon los. Irgendjemand rief irgendwas hinter einem her. Einmal ist sogar eine Straßenbahn neben mir stehen geblieben und der Fahrer hat gebimmelt.

In der Arbeit machte dann der Meister dumme Bemerkungen. Abends auf dem Weg nach Hause schon wieder blöde Sprüche: „Sieh mal", rief einer, „da kommt ja die Susi! Ach nee, ist ja ein Junge. Na, dein Stahlhelm ist aber schon gepresst!"

Was wollten die denn alle? Hatten die keine anderen Sorgen?

Nach vier Jahren Autowerkstatt musste ich dank meiner Haare gehen. Am Brunnen in Elberfeld gab es Geheimtipps, wo man mit langen Haaren noch Arbeit bekam. Ab einer bestimmten Haarlänge gab es dann gar keine Arbeit mehr.

Mitten im deutschen Wirtschaftswunder (60er Jahre), Türken und andere Ausländer wurden millionenfach zum Arbeiten nach Deutschland geholt, gab es für die Wuppertaler Beatniks keine Arbeit mehr.

„Sie könnten ja mit den langen Haaren in die Bohrmaschine kommen", wurde mir in einem Vorstellungsgespräch vermittelt.

Die können mich mal, dachte ich, dann gehe ich eben stempeln! Arbeiten ist eh doof!

Beim Arbeitsamt meinten sie, ich sollte endlich zum Frisör gehen. Darauf erzählte ich denen was vom Grundgesetz, worauf sie nur dumm guckten.

Zum Glück gab es das Jugendzentrum „Keller" an der Adlerbrücke! Da hatte man seine Ruhe und wir Jugendliche waren unter uns! Die Leiter waren auch alle in Ordnung und es gab Kicker-Apparate, Billard-Tisch, Tischtennis usw. Ja, echt Klasse. Sogar einen Plattenspieler durfte ich freitags mitbringen und laut aufdrehen.

Mit der Zeit wurde ich sogar Kicker- und Billard-Meister!

2. Rock 'n' Roll
Am 12. September 1965 kamen die Rollenden Steine nach Essen in die Gruga-Halle. Schon bei ihrer Ankunft in Deutschland auf dem Flughafen gab es richtig Krawall. 10.000 Fans verwandelten das Flughafengelände in einen Hexenkessel irrer Begeisterung. Da es der Polizei nicht gelang, die Fans der Rolling Stones hinter den Absperrungen zu halten, rückte sie dann gleich mit Wasserwerfern an. Ob dies nötig war konnte, wie üblich, nicht ermittelt werden. Durch die Wasserwerfer gerieten die Fans so in Wut, dass daraus eine Schlacht entstand, der die Bullen nicht gewachsen waren.

Drei Karten hatte ich besorgt und fuhr mit Reiner und Karl-Heinz abends nach Essen. Mann, war da was los. Schon beim Reingehen gab es Ramba-Zamba. Drinnen wurde es noch schlimmer. Die Ordner bestanden darauf, dass sich alle hinsetzten. Hinsetzen? Bei einem Rolling Stones-Konzert? Wie bescheuert war das denn?

Vorne vor der Bühne hatten sich etwa 20 Bullen in Uniform postiert. Die hassten uns und wir hassten sie. Dann ging es los.

Mick Jagger erschien. Alles sprang auf und wir liefen nach vorne. Dabei brüllten wir wie besessen: „Rolling Stones, Rolling Stones". Mick ergriff das Mikrofon. Die ersten Laute der Stones gingen vollkommen im Gekreische der Massen unter, dann drang aber ihr Stück „Everybody needs somebody to love" bis zu uns durch. Als nächstes begann alles zu kochen. In einem Begeisterungstaumel krakeelten und sangen alle mit. Mädchen fielen in Ohnmacht oder hielten sich die Ohren zu, während sie hysterisch aus vollem Hals schrien.

Einige versuchten vorne die Bühne zu stürmen, wurden aber von der Polizei mit Gummiknüppeln auseinander getrieben. Uns lief der Schweiß runter und wir versuchten weiter nach vorne zu kommen. Dabei schrien wir: „Brian, Brian".

Später kam das Stück „The Last Time". Nun drehten alle total durch. Die Halle war ein einziger Hexenkessel und Stühle flogen auf die Ordnungshüter zu.

Als letztes kam dann das Stück „Satisfaction". Auch diesmal schrie der ganze Mob wieder mit. Man wurde geradezu von der allgemeinen Hysterie gepackt und mitgerissen und immer und immer wieder schrieen wir mit Mick Jagger um die Wette, der fast vergeblich versuchte, mit seinem Gesang das Geschrei zu übertönen.

Nach 35 Minuten war das Konzert beendet. Wir riefen noch eine ganze Weile „Zugabe", aber die Stones kamen nicht wieder.

Als wir später (22:30 Uhr) am Bahnhof ankamen, war der letzte Zug nach Wuppertal schon weg. Das war uns aber egal, denn auf dem Bahnhof waren hunderte von Fans und es gab eine tolle Stimmung. Die ganze Nacht wurden Stones-Lieder gesungen. Irgendwann kam so ein breitschultriger Prolet und pöbelte uns an. Ein Rocker mit langen Haaren packte den gleich und unter Gegröle wurde der dann aus dem Bahnhof befördert. Das war der einzige Rocker, der mir jemals gefallen hat!

1 ½ Jahre später, am 17. März 1967, fuhr ich mit Karl-Heinz und Reiner nach Hamburg. Es war noch eine vierte Person dabei, der das Auto gehörte. Kann mich aber beim besten Willen nicht mehr dran erinnern, wer das war.

Wir hatten kurz vorher den Film Polizeirevier Davidswache gesehen, also gingen wir gleich zu dieser Polizeistation und stellten blöde Fragen. Anschließend bestaunten wir die Herbertstraße, die ja auch in dem Film vorkam. Draußen gab es ein Schild: „Für Frauen und Personen unter 18 Jahren kein Zutritt".

Na ja, wir waren ja schon 18, 19 und 20 Jahre alt. Als Wuppertaler staunten wir nicht schlecht, als wir in den Fenstern überall halbnackte Frauen sahen. Mann, das war ja irre! Die meisten Besucher waren ältere Herren, und wir waren mit Abstand die Jüngsten. Natürlich machten einige Nutten doofe Bemerkungen über meine Haare, so dass ich froh war, als wir wieder draußen waren.

Als nächstes marschierten wir zum Star-Club. Ja, hier hatten tatsächlich schon die Beatles für längere Zeit gespielt. Die waren quasi hier groß geworden.

Im Star-Club musizierten die ganze Nacht verschiedene Gruppen und man konnte rein und raus gehen wie man wollte.

Wir hatten keine Ahnung, welches bombastische Ereignis uns an diesen Abend erwartete!

Ich weiß nicht mehr, welche irren Gruppen da in der Nacht alle spielten. Um ein Uhr nachts waren wir jedenfalls todmüde und wollten zum Auto gehen, um dort zu schlafen. Karl-Heinz meinte aber: „Wollen wir uns nicht noch diesen Neger mit der komischen Frisur ansehen?" „Na ja, zumindest den Anfang können wir uns ja mal anhören", meinte ich.

Mann, wenn wir den verpasst hätten! Ich darf gar nicht dran denken!

Um 1:30 Uhr kam dann dieser komische Neger. Das war ja nur eine 3-Mann-Gruppe! Eine Gitarre, ein Bass und ein Schlagzeug. So was hatten wir noch nie gesehen. Aber dann legte der Neger auf einmal los.

Puh, was war das denn? Die Gitarre war irrsinnig laut und übersteuert. Aber was dieser Jimi Hendrix da rauszauberte war unglaublich! So was hatten wir noch nie gehört. Dagegen waren ja George Harrison von den Beatles oder Brian Jones von den Stones langweilige Musikanten!

Grotesk verzerrte Akkorde und jaulende Töne hörten wir, aber alles irgendwie Klasse. Ein einzigartiger Musiker, dachte ich. Der Gesang war nichts Besonderes, aber diese Gitarre – unglaublich!

Er fing an mit der ersten Strophe von Sergeant Pepper. Danach spielte er mindestens eine viertel Stunde wie wahnsinnig Gitarre. Das hatte dann mit dem original Beatles-Stück nichts mehr zu tun, war aber total irre!

Indem Jimi Hendrix Akkordfolgen und Melodien in schnellem Wechsel und beinahe gleichzeitig spielte, machte er einen Rhythmusgitarristen überflüssig und übernahm einfach beide Parts, Solo und Rhythmus in einer Person. Das machte den Klang seines Spiels unverwechselbar. Es wurde ein langer, ein großartiger Auftritt.

Bis zu diesen Tag hatten wir von Hendrix noch nie etwas gehört. Aber schon ein oder zwei Monate später wurde er weltbekannt.

Jimi Hendrix war wohl einer der ersten Gitarristen, die dem Solospiel eine wesentliche Rolle zuwiesen. Hendrix konnte hier seine Fingerfertigkeit und Technik unter Beweis stellen. Indem er die Sologitarre derart in den Vordergrund brachte, veränderte sich in den Folgejahren der Status der Gitarristen in den Bands: Sie wurden von bloßen Begleitmusikern zu eigenen Stars neben dem Sänger. In diesem Sinne war er Vorbild für das Hervortreten bekannter Gitarristen wie Pete Townshend, Eric Clapton, Jeff Beck, Jimmy Page und anderen. (Wikipedia)

3. Georgsplatz

Da ich nun arbeitslos war, hatte ich viel Zeit und wenig Geld. Mit 60 DM stellte ich mich im Sommer 1967 an die Wuppertaler Autobahn Richtung Dortmund. Mein Plan war, über Hamburg und Stockholm zum Nordkap zu trampen.

An der Autobahnauffahrt traf ich auch gleich einen langhaarigen Tramper, der gerade aus Schweden kam. Ob man mit 60 DM bis zum Nordkap kommen könnte, fragte ich ihn. Er sah mich etwas verwundert an und meinte: „Du kannst froh sein wenn du mit 60 DM von Stockholm aus wieder nach Wuppertal kommst."

Etwas verunsichert fing ich nun an zu winken. Eine halbe Stunde später hatte ich schon einen Lift bis Dortmund, und am Abend war ich an der Ausfahrt Hannover. In der Nähe der Autobahn entdeckte ich im Dunkeln eine umzäunte Wiese, wo ich meinen Schlafsack ausbreitete. Alleine im Freien zu übernachten ist wohl auch eine Überwindung. Nach ein oder zwei Stunden schlief ich dann endlich ein.

Am nächsten Morgen wurde ich durch das Muhen einer Kuh geweckt. Tatsächlich, ich hatte auf einer Kuhwiese übernachtet und die Kuh glotzte mich aus nächster Nähe an. Etwas erschrocken sprang ich auf und die Kuh wich etwas zurück.

Es gab noch nebenan eine Wiese ohne Kühe und ich beschloss, nächste Nacht wieder hier zu übernachten.

Ich latschte nun eine Stunde Richtung Stadtmitte, bis ich auf einen Ort stieß, der Georgsplatz hieß. Ein Platz mit Bänken, Büschen, Pflaster und Platten.

Aber was war das? Lauter langhaarige Gammler hingen ja da herum. Lagen im Gras, spielten auf den Bänken Gitarre oder schliefen einfach irgendwo.

Mann, dachte ich. Hier bin ich ja mal wieder goldrichtig! Wer hätte sich in Hannover so einen Platz voller Hippies vorgestellt? Natürlich bekam ich gleich Kontakt und wurde gefragt, wo ich denn her käme?

„Wuppertal? Ja, da stand ich mal längere Zeit an der Autobahnauffahrt", erklärte mir einer.

Wir hatten eine Menge Spaß, und am Nachmittag lernte ich auch noch eine super Frau kennen. Sie war erst 17, sah aber deutlich älter aus. Marion hieß sie und sah umwerfend aus. Wir knutschten ein wenig rum und am Abend lief ich wieder zu meinem Schlafplatz an der Autobahn.

Marion gehörte zu einer Gruppe Hamburger, die auf einer Baustelle schliefen. Da mich keiner einlud, wollte ich mich nicht aufdrängen.

Das war wohl ein Fehler, denn am nächsten Morgen erfuhr ich, dass die Bullen im Morgengrauen eine Razzia gemacht hatten. Marion wurde wahrscheinlich wieder nach Hause (Hamburg) geschickt, denn ich sah sie nie wieder.

Ich beschloss, den Trip zum Nordkap erst mal aufzuschieben und es mir in Hannover gemütlich zu machen. Man konnte auch auf dem Georgsplatz auf einer Bank schlafen. Aber dann wurde man frühmorgens durch das Ordnungsamt geweckt. Egal, jeden Morgen und Abend über eine Stunde laufen war auch nicht gerade angenehm.

Mein nächstes Problem war die Versorgung. Ich bemerkte,

dass wir jeden Nachmittag Besuch von Schulmädchen bekamen. Die waren so zwischen 13 und 17 Jahre alt und brachten immer Brote für die Gammler mit. Die meisten kamen direkt von der Schule zu uns, lieferten ihre Brote ab und bestaunten uns Exoten. Nach einer halben bis ganzen Stunde mussten die dann aber wieder nach Hause.

Natürlich gab es jede Menge Passanten, die unser Treiben missmutig beobachteten. Sie blieben teilweise stehen und beschimpften uns. „Ins Arbeitslager hätte man euch früher gesteckt", erklärte man uns. Ein paar Beatniks und ich stellten uns freundlich zu denen und fragten, was ihr Problem mit uns wäre.

„Geht doch arbeiten und lasst euch die Haare schneiden", riefen sie wütend. Sobald eine Diskussion entstand, stellten sich noch mehr Leute dazu. Die meisten waren gegen uns, aber einige zeigten Verständnis, als sie merkten, dass wir eigentlich ganz normale Menschen waren.

Alleine hätte wohl keiner von denen mit uns gesprochen, aber so gab es oft interessante Gespräche. Unsere Masche war, dass wir immer freundlich waren. Die stellten sich einen Langhaarigen einfach als aggressiven und dummen Unsympath vor. Manche waren richtig beeindruckt, dass man sich mit uns ganz normal unterhalten konnte, trotz der langen Haare und dem etwas wilderen Aussehen.

Nach ein paar Tagen bemerkten wir auf der anderen Straßenseite (wo noch ein kleiner Platz war) eine Ansammlung von Rockern, die feindlich zu uns herüber gafften. Die wurden mit der Zeit immer mehr, und meine Gammlerfreunde wurden immer unruhiger. Die Beatniks damals waren fast alle friedliebende Leute, die jeder Schlägerei aus dem Weg gingen. Da ich unter Proleten aufgewachsen war und auch einige Schlägereien hinter mir hatte, blieb ich ganz cool.

Ich wusste, dass der Anführer der Rocker sich Elvis nannte. Zu dem ging ich direkt hin und sprach ihn an: Na, Elvis, wollt ihr meinen Kumpels Angst machen oder was habt ihr vor?"

„Wieso?" Elvis machte auf erstaunt. „Habt ihr gehört?" rief er seinen Rockern zu und lachte. „Die haben Angst vor uns."

„Na ja" sagte ich, „kommt doch einfach mal rüber und trinkt eine Flasche Wein mit uns." (Etwas Wein stand meist zur Verfügung).

Als ich dann tatsächlich mit der Rockerbande rüberging, brach fast eine Panik aus.

„Die Jungs sind in Ordnung!" rief ich zur Beruhigung. Und wirklich verbrüderten wir uns an dem Tag mit den Rockern.

Irgendwann lernte ich wieder ein Mädchen kennen. Klasse, nicht mehr alleine. Da auch sie erst 17 Jahre alt war (ich war 20) und die Polizei Jagd auf alle unter 18-jährigen machte, beschlossen wir, mit einer Gruppe unter einer Brücke zu schlafen, die angeblich sicher war.

Von wegen! Kaum hatten wir uns hingelegt, gab es schon eine Polizei-Razzia. Wir wurden auf eine Bullenstation gebracht und die Ausweise wurden kontrolliert. Danach konnte ich dann wieder gehen.

Was mit meiner Freundin wäre, fragte ich. Die wäre hier in guten Händen und würde bald wieder nach Hause gebracht, erklärte man mir.

Sch ... dachte ich. Immer die gleiche Kacke.

Zwei Wochen später ließ sich die Stadt Hannover etwas Neues einfallen. Die Stadtwerke kamen im Morgengrauen mit Wasserschläuchen und reinigten den Platz. „Ach, Entschuldigung!" riefen sie, wenn zufällig einer von uns von dem Wasserstrahl getroffen wurde. Wir kochten vor Wut!

Drei Tage später gab es einen großen Artikel in der BILD-Zeitung über uns. Und wer war wohl mit einem Riesen Bild als Abschreckung auf der Titelseite?

Ich natürlich! Meine Eltern, meine Kumpels aus Wuppertal, meine früheren Arbeitskollegen. Alle hatten an diesem Tag seltsamerweise die BILD-Zeitung gelesen.

BILD: „Die Gammler auf dem Georgsplatz haben eine große Not mit den Stadtwerken von Hannover. Morgens um sechs Uhr (nach Gammler-Uhrzeit mitten in der Nacht) fängt die Reinigung des Platzes an. Wie zufällig trifft ein Wasserstrahl einen der schlafenden Gammler ..."

Am nächsten Tag kam dann auch noch das ZDF und wieder war mein Bild vorneweg. So wurde ich langsam eine kleine Berühmtheit auf dem Georgsplatz. Alle möglichen Leute quatschten mich an und mit der Zeit wurde mir die Sache zu viel. Ich wollte doch zum Nordkap und nicht ewig in Hannover rumgammeln.

Wieder hatte ich eine 17-jährige kennengelernt. Sie kam aus Hannover und war eine von denen, die mir nach der Schule immer ein paar Brötchen mitbrachte. Dass ich zum Nordkap hin wollte, fand sie ganz toll.

Irgendwann kam sie und sagte: „Hör mal, ich habe 800 DM auf meinem Sparbuch und würde gerne mit zum Nordkap fahren."

Ich war sprachlos! Wir hatten weder Sex gehabt, noch hatten wir geknutscht oder ähnliches gemacht. War eigentlich nur eine Brötchen-Beziehung gewesen.

Aber 800 DM hörten sich natürlich gut an. Wenn die eine Beziehung wollte, war das OK für mich. Wenn die nur als Reisegefährtin mitfahren wollte, auch gut. Mit meinen jetzigen 20 DM würde ich auf jeden Fall nicht weit kommen.

Also, auf zu neuen Abenteuern!

Rom: Atze, Frank, Jürgen. Ich, Hinner - vorne sitzend.

Palermo: Ich, Hinner - links, rechts Jürgen.

Istanbul: Hinner, Jürgen, Atze.

4. Auf dem Weg zum Nordkap

Endlich wieder unterwegs! 3 1/2 Wochen war ich in Hannover gewesen und nun ging es wieder los. Da ich der Sabine nicht gleich das Trampen zumuten wollte und wir eine gute Reisekasse hatten, fuhren wir mit dem Zug nach Hamburg.

Wir nahmen uns ein Hotel und gingen dann zum Star-Club. Zu meinem Erstaunen spielte dort die Gruppe Hi Fi aus Liverpool. Die kannte ich gut. Die hatten doch einen Monat im Wilhelmstübchen (meine Stammkneipe in Wuppertal) gespielt. Ich hatte mir öfter bestimmte Musik-Stücke gewünscht und so kannte ich den Sänger.

Wir setzten uns in den vorderen Bereich vom Star-Club und fingen an zu knutschen. Die Gruppe hörte einen Moment auf zu spielen und der Schlagzeuger imitierte mit seinem Instrument Schritte. Das gehörte zu ihrer Show und der Sänger schlich sich dann mit einem riesigen Schaumgummi-Hammer an irgendeinem Unbedarften heran und schlug dann zu, während das Publikum lachte.

Da wir beschäftigt waren und er mich tatsächlich wiedererkannt hatte, kam er zu uns und schlug zu. Meine neue Freundin erschrak fürchterlich, aber ich blieb ganz gelassen und begrüßte den Sänger. Sabine war sprachlos. Erst war ich in der Bildzeitung, dann im Fernsehen, und jetzt kannte ich auch noch alle möglichen Rockmusiker.

Am nächsten Morgen ging es mit Zug und Fähre nach Malmö (Südschweden). Hier stellten wir uns an die Europastraße 20, Richtung Stockholm.

Ich hatte gedacht, mit einer Frau geht Autostoppen schneller. Von wegen, zumindest nicht in Schweden! Wir standen und standen und standen. Am Nachmittag fing Sabine an ununterbrochen zu weinen, stundenlang, und am Abend stand sie dicht vor einem Nervenzusammenbruch. So hatte sie sich das nicht vorgestellt. Ich glaube, alle ihre Träume brachen zusammen. Von morgens bis abends an der gleichen Stelle Autos zuzuwinken, die uns völlig ignorierten. Die Flennerei ging mir zunehmend auf die Nerven und ich wurde schwer gereizt.

Ich entschied am Abend, dass wir mit dem Nachtzug nach Stockholm fahren würden. Gesagt, getan. In Stockholm morgens angekommen, waren wir dann völlig übermüdet und total schlecht gelaunt.

Sabine erklärte mir, dass sie alleine weiterreisen wollte und war so anständig, mir 200 DM zu überlassen. Gott sei Dank, denn mit meinen 20 DM wäre ich wohl nicht weit gekommen.

Ich bestand darauf, dass wir uns in drei Tagen am Bahnhof wieder treffen sollten. Schließlich hatte ich sie ja hierher gebracht und dadurch irgendwie eine moralische Verantwortung übernommen.

Drei Tage später am gleichen Ort. Sabine erschien tatsächlich, freute sich und nahm mich in den Arm. Ja, sie hatte ein paar nette Deutsche kennengelernt und war jetzt mit denen zusammen. Ich solle mir keine Sorgen machen, es ginge ihr gut. Ich wünschte ihr eine gute Reise und dann trennten wir uns.

Na, was wollte ich noch mehr? Mit 60 DM gestartet und nun in Stockholm mit 200 DM in der Tasche. Hab eben ein gutes Karma, dachte ich.

Ich nahm zu der Stockholmer Beatnik-Szene Kontakt auf. Man brachte mich zu einem Jugendzentrum, wo man kochen und alles Mögliche machen konnte. Es gab sogar Freikarten für Sauna und Schwimmbad.

Ein echter Sozialstaat, dachte ich. Die Schweden waren viel toleranter als die Deutschen. Niemand machte auch nur irgendeine Bemerkung über meine langen Haare. Sowieso rannten hier viele Jugendlichen genauso herum. Man konnte tun und lassen was man wollte und alle ließen einen in Ruhe.

Natürlich gab es auch Sachen, die mir nicht gefielen. Um 20:00 Uhr machten die Diskotheken und andere Läden auf und um 22:00 Uhr schlossen sie schon wieder. Was sollte das? Waren die bescheuert?

Auf späteren Reisen lernte ich, dass es in England auch nicht besser war. Also hatte Deutschland doch auch gute Seiten?

Ich war verwirrt! Die Leute waren alle freundlich und nett, aber irgendwie langweilig. Es war nichts los, würde man in Wuppertal sagen. Die deutschen Beatniks hatten sich hier scheinbar auch angepasst und waren genau so langweilig wie die Schweden. Das Ganze war mir zu der Zeit aber noch nicht bewusst und erst später begriff ich alles richtig.

Am 3. September wurde in Schweden der Linksverkehr auf rechts umgestellt. 24 Stunden durfte gar nicht gefahren werden und am folgenden Tag sah man die Autos mit 3o km pro Stunde durch die Gegend schleichen. Die Kurven wurden mit 10 km angesteuert. Wir deutschen Beatniks lachten uns kaputt über diese Autofahrer! So schwer konnte das ja alles wohl nicht sein.

Am 5. September gab es ein tolles Konzert und wer kam? Jimi Hendrix!

Inzwischen war er ein weltberühmter Star geworden und trat im Freien vor Tausenden von Fans auf. Mann, hatten wir Glück, dass wir ihn im Star-Club noch gesehen hatten. Da konnte man einfach bis vor die Bühne marschieren und Hendrix und die Gruppe aus nächster Nähe bestaunen. Außerdem war in dem relativ kleinen Star-Club die Akustik viel besser als hier beim Open Air Festival.

Jimi Hendrix war also eine kleine Figur in der Ferne. Seine Gitarre war nun nicht mehr übersteuert und alles klang, trotz Wah-Wah, viel sauberer und professioneller.

Zu sauber, dachte ich! Damals war er voll in der Musik drin und spielte drauflos. Während des Spielens versuchte er sogar noch schnell, seine Gitarre besser zu stimmen.

Natürlich machte er noch eine große Show, spielte mit den Zähnen Gitarre, trat gegen den Verstärker usw., aber ...

Anyway, das Konzert war gut. Ob noch andere Gruppen gespielt haben? Keine Ahnung! Bei einem Hendrix-Konzert verblassen alle andern!

Drei Wochen blieb ich in Stockholm, bis ich mich endlich aufraffte, Richtung Nordkap weiter zu trampen. Ich kam nur mit Mühe per Autostopp nach Uppsala (90 km). Bis zum Kap waren es aber noch 2000 km. So machte ich das Beste, was ich machen konnte, und drehte um.

Mit dem Zug nach Deutschland. Dann per Daumen über Hamburg und Hannover bis 15 km vor Wuppertal.

Es wurde schon dunkel und ich nahm den Bus. Mein letztes Geld gab ich dem Schaffner, aber es fehlten noch 50 Pfennig. OK, sagte ich, dann soll er mir eine Fahrkarte ausstellen, soweit dieses Geld eben reicht. Ein hilfsbereiter junger Mann sprang ein und gab dem Schaffner die 50 Pfennig.

So musste ich an dem Abend nicht noch ein paar Kilometer laufen und kam sogar noch rechtzeitig zum Abendessen bei meinen Eltern an.

5. Capelloni (Langhaariger)

Nach meinen letzten Erfahrungen war mir klar geworden, dass Reisen ohne Geld ungeheuer mühselig war. Ein Bekannter von mir namens Eddi kannte eine Eisengießerei, wo eine junge tolerante Chefin war. Bei der stellte ich mich vor und wurde von ihr, trotz langer Haare, gleich eingestellt.

Mann, war das eine Knochenarbeit. Abends fiel ich dann todmüde ins Bett. Der Meister in der Gießerei war aber schwer in Ordnung, und auch die Arbeiter ließen mich in Ruhe.

Im April 1968 hatte ich dann 1200 DM gespart. Ja, das war ein anderer Start als damals mit den 60 DM nach Schweden.

Die Bundeswehr hatte mich bis dahin wohl vergessen und mein Vater meinte, wenn man länger als sechs Monate im Ausland ist, soll man sich beim Kreiswehrersatzamt abmelden. Der Vorteil: sie konnten einen dann nicht so einfach einberufen. Für einen Durchschnitts-Bürger wäre das auch richtig gewesen.

Ich machte den größten Fehler meines Lebens, fuhr mit der Schwebebahn zum Döppersberg und latschte von da aus zum Kreiswehrersatzamt.

„Ach Sie wollen sich abmelden", hörte ich eine höhnische Stimme und der Beamte warf einen Blick auf meine Haare. Fünf Minuten später hatte er den Einberufungsbefehl fertig und ich musste den unterschreiben.

„Wenn Sie nach 18 Monaten Ihren Wehrdienst beendet haben, können Sie ja fahren, wohin Sie wollen", meinte er lächelnd.

Mann, war ich doof gewesen! Ich hätte einfach schnell wegrennen sollen. Diese Unterschrift zeigte mir ein Richter zwei Jahre später und fragte mich, ob das meine wäre. Auf die Bejahung hin bekam ich sechs Monate Knast.

Auf der Rückfahrt in der Schwebebahn rasten mir alle möglichen Ideen durch den Kopf. Bundeswehr oder abhauen? Vom deutschen Staat gesucht! Immerhin hatte ich sechs Monate hart gearbeitet und jeden Pfennig gespart. Vielleicht war ich auch nach 18 Monaten Gehirnwäsche gar kein Beatnik mehr.

Nein, ich wollte jetzt traveln, sollen die mich doch erst mal finden.

Wie schon in unserem letzten Buch (*Unterbarmer Blagen*) beschrieben, trampte ich mit Eberhard nach London und Paris.

Dort lernte ich den Jürgen kennen und Eberhard fuhr wieder zurück nach Wuppertal.

Über Marseille und Florenz trampte ich mit Jürgen nach Rom.

Wegen unserer langen Haare wurden wir dort *Capelloni* (Langhaarige) genannt. Selbst die Polizei nannte uns Signore Capelloni.

Nach ein paar Monaten Aufenthalt in Rom trampten wir weiter über Sizilien nach Nordafrika. Dort ging es dann per Autostopp von Tunesien nach Libyen.

Der Rückweg nach Rom ohne Geld war wieder mal ein absoluter Härtetest!

Dann, endlich!! Hurra, wieder in Rom!

Gleich zum Kloster und zur Kirche gelaufen. Die Mensa-Nudelsuppe mit dem Brötchen schmeckte auf einmal fantastisch! Große Begrüßung mit alten Freunden. Neue Traveler waren auch angekommen. Es ging uns wieder richtig gut, und die Strapazen der letzten Tage waren schnell vergessen. Die Straßen und Gassen der Innenstadt waren mir inzwischen so bekannt wie Wuppertal-Unterbarmen. Rom war jetzt mein zweites Zuhause.

Die Herberge für 100 Lire die Nacht hatte dicht gemacht, und wir schliefen wieder in den unterirdischen Gängen, neben dem Forum Romanum.

Zehn Tage später hatten wir eine einschneidende Begegnung, die unsere Zukunft auf Jahre hinaus verändern sollte.

Wir trafen Alf! Eigentlich ein unscheinbarer Mensch. Ein etwas kleinerer Typ, etwa 26 Jahre alt, normaler Haarschnitt. Er hatte eine französische blonde Freundin, mit der er schon lange zusammen war. Gleiche Größe, gleiches Alter. Sie war mehr eine stille Person und er der Unterhalter.

Die beiden waren Straßenverkäufer. Er produzierte Silberschmuck aus Draht. Sie verkaufte, oft mit ihm zusammen, auf einem ausgebreiteten Tuch die Sachen auf der Piazza Navona. Irgendwann lud uns Alf mal zum Essen ein und machte uns folgenden Vorschlag:

„Ihr könnt mir helfen, Schmuck zu machen und zu verkaufen. Dafür kann ich euch 800 Lire (5 DM) am Tag, ein Hotelzimmer und ne Packung Zigaretten geben". (Jürgen war Raucher)

„Wir sagen dir morgen Bescheid, hört sich aber gut an", meinte Jürgen. Er war der bessere Geschäftsmann, ich hätte gleich ja gesagt.

Na klar, wir nahmen den Job an! Nicht mehr stundenlang für 500 Lire (3,25 DM) schnorren gehen, keine schimpfende Nonne morgens, und vor allen Dingen raus aus diesen Katakomben! Der Winter stand vor der Türe (Anfang Dezember) und das Thermometer fiel auf fünf Grad!

Warmes Zimmer, warme Dusche! Kein Waschen bei der Spanischen Treppe am Barcaccia-Brunnen, unter den staunenden Augen der Touristen. Beatnik sein konnte im Winter ganz schön anstrengend sein.

Der Barcaccia-Brunnen war eigentlich eine tolle Einrichtung. Das Quellwasser kommt aus der Nähe der Via Collatina. Von dort läuft es seit 2000 Jahren durch ein 20 km langes, antikes Aquädukt zu verschiedenen römischen Brunnen, unter anderem bis zu unserer Spanischen Treppe.

Wir bekamen von Alf eine Kombizange, einen billigen Silberdraht, (kein richtiges Silber) einen Hammer und eine Eisenplatte, die als Amboss fungierte. Man schnitt ungefähr 25 cm Draht ab, drehte mit der Zange ein schönes Muster im oberen Teil vom Draht. Das Muster wurde platt geschlagen. Aus dem Ende des Drahtes drehte man dann einen Ring, der um einen Finger passte. Materialwert 20 Lire, Verkaufswert 500 Lire, Arbeitszeit zehn Minuten. Mit der gleichen Technik wurden auch Halsketten für 1500 Lire gemacht.

Als faule Beatniks kamen wir gleich auf die Idee, Arbeit und Verkauf direkt auf der Piazza Navona zu machen. Durch unsere Handarbeit auf dem Platz wurden Leute angelockt und der Verkauf ging noch besser. Jeden Abend drei Stunden und unser Tagewerk, oder besser gesagt Abendwerk, war getan.

Die Piazza Navona hatte drei Brunnen. Alle hatten quadratische Eisenstangen als Umzäunung und Abgrenzung. Darauf saßen wir, und die flache Stange war gleichzeitig unser Amboss. Vor uns stand ein Tapezier-Tisch mit einem schwarzen Tuch drauf, worauf die Ringe und Ketten lagen.

Wer hämmert denn da auf der Piazza? Ah, die Copellonis! Italiener sind neugierige Menschen und so standen immer einige Leute um uns herum. Da Italiener mit kleinen Summen sehr freigiebig sind, brummte das Geschäft. Jeden Abend rechnete Alf mit uns ab.

Nach zehn Tagen meinte Jürgen: „Hör mal Hinner, wollen wir uns nicht selbstständig machen? Da können wir doch viel mehr Geld verdienen."

„Der Alf hat uns unwahrscheinlich geholfen", erwiderte ich, „da können wir dem doch nicht einfach in den Rücken fallen. Wir sind ja dann seine Konkurrenz und der verdient weniger als vorher."

Nach einer längeren Diskussion meinte Jürgen: „Gut, dann machst du weiter mit dem Alf und ich mach mich selbstständig!"

Ich bekam einen Schrecken. Das war ja bei unserem Zusammenleben gegen alle Regeln, das konnte sogar auf eine Trennung hinauslaufen. Wahrscheinlich wollte Jürgen mich aber nur unter Druck setzen. Er war nämlich ein Taktiker.

„OK. Dann musst du aber mit dem Alf reden, und wenn der einverstanden ist, mach ich auch mit."

Ich hasste Peinlichkeiten, und so war ich erst mal aus dem Schneider.

Alf schien so was erwartet zu haben. Er meinte bloß, dass wir unsere eigenen Muster und Formen für die Ringe und Ketten entwickeln müssten. „Ihr dürft meine Sachen nicht kopieren!"

Vom geschäftlichen her war für den Alf das Ganze ein Reinfall. Ich denke aber, dass er uns gut leiden konnte, und von Anfang an nur helfen wollte. Auch gewann er zwei Freunde, was in der Fremde immer ein Vorteil ist.

Ich setzte mich stundenlang hin und entwarf neue Muster für die Ringe. Die Muster wurden so gut, dass Alf später einen Teil davon kopierte.

Nun fingen wir an, Geld zu verdienen. Wir konnten jetzt sogar sparen!

Einmal kam ein Italiener zu unserem Schmucktuch, nahm einen einfachen Ring ohne Muster hoch, und sagte: „Quanto costa"? „Trecento (300) Lire", antwortete ich. Va bene, tre anello per favore. Der wollte also drei Ringe für 900 Lire kaufen. Ich hatte aber nur zwei fertige Ringe.

Mir war es peinlich, einfach vor seinen Augen einen billigen Draht zu nehmen, dreimal um einen Stock rumwickeln, mit der Zange das Ende abkneifen, und fertig! Es sah fast wie ein Betrug aus. Letztendlich nahm ich den Draht, drehte ihn schnell um den Stock rum, und kniff ihn ab. „Novecento (900) Lire per favore". Der Italiener stutzte einen Moment, sah mich an, griff dann aber in die Tasche und gab mir die 900 Lire.

In dem Moment durchfuhr es mich! Für Stundenlohn in einer Schlosserei oder Fabrik zu arbeiten ist bescheuert. Es gibt bestimmt viele andere Möglichkeiten um Geld zu machen, man muss nur die richtigen Ideen haben und die auch verwirklichen.

Geld verdirbt den Charakter! Bei uns scheinbar nicht. Jürgen und ich lebten genau so bescheiden weiter wie vorher. Wir hätten jetzt, in einer sehr schönen Stadt, mit Freunden und allem Drum und Dran, gut leben und dazu noch sparen können.

Ich hab keine Ahnung warum, aber wir kamen schon nach einem Monat auf die Idee, wieder irgendwohin zu reisen. Aus der letzten Rückreise von Sizilien hatten wir wohl wenig gelernt. Anstatt mal ein halbes Jahr in Rom zu bleiben, und dann mit relativ viel Geld zu reisen, wollten wir lieber wieder eine Abenteuer-Tour starten, wo das Abenteuerliche spätestens bei der Rückreise anfängt. Echte Beatniks eben.

Wir lernten zwei Deutsche kennen. Atze aus Lüneburg, 18 Jahre alt, groß und schlank. Lange Haare, John Lennon Brille auf, Milchgesicht, trug einen U.S.-Parka. Hatte Abitur, sprach Hochdeutsch, fließend Englisch und machte auf intellektuell.

Frank kam aus Hamburg, er war etwas kräftiger als wir anderen. 25 Jahre alt und lange dichte Haare. Sehr gutes Englisch. Wenn wir draußen waren, trug er ständig einen Afghan-Mantel.

Die beiden erzählten uns von Indien, wo sie unbedingt hin wollten. Natürlich waren Jürgen und ich gleich Feuer und Flamme! Klar! Da wollten wir auch mit! Unsere paar hundert Mark konnten unmöglich soweit reichen, von der Rückreise ganz zu schweigen, und die Schwierigkeiten waren damit wohl vorprogrammiert! (Die anderen beiden hatten auch nicht mehr Geld dabei) Aber wir waren ja noch jung und naiv!

Weihnachten 1968 verbrachten wir alle im gleichen Hotel, hörten Bob Dylan, The Doors und rauchten Pot. Als Beatle-Fan war das nicht so meine Musik, aber weil die Stimmung und Atmosphäre so unwahrscheinlich gut waren, habe ich noch Jahre später genau diese Musik gehört, um in Erinnerungen an diese Zeit zu schwelgen.

Wir vier beschlossen, unser Geld zusammenzuschmeißen und ein Auto zu kaufen. Es wurde ein Renault R4. Keiner von uns hatte einen Führerschein.

6. No Beatnik, no Hippie, no Gammler

Der Winter 1968/69 wurde auch noch extrem lang und kalt! Anfang Januar 1969 fuhren wir los. In Norditalien fing dann auch schon der Schnee an.

Die ersten Schwierigkeiten bekamen wir an der jugoslawischen Grenze. Frank war unser Fahrer. Der Grenzbeamte kannte nur ein deutsches Wort: „Führerschein". Das sprach er langsam und deutlich viele Male aus. „Wat hat de gesacht?" Wir stellten uns so lange doof, bis der Beamte uns endlich durchließ. Alle anderen Papiere waren ja in Ordnung.

Zagreb in Jugoslawien sah aus wie kurz nach dem 2. Weltkrieg. Alles grau in grau. Auf den Straßen sah man schon mittags besoffene Leute rumtorkeln und alles machte einen runtergekommenen Eindruck. Am schärfsten war die Polizei! Wir fuhren auf eine Tankstelle (wo man scheinbar auf der einen Seite rein und auf der anderen wieder raus fahren sollte) in die falsche Seite rein. Zwei Polizisten hielten uns an, waren extrem unfreundlich und nahmen uns 40 DM ab. Eine Menge Geld für das billige Jugoslawien.

Das reichte uns. Wir wollten so schnell wie möglich aus diesem Land raus! Einen halben Tag und eine Nacht fuhr Frank durch, bis kurz vor der griechischen Grenze. Irgendwann schloss Frank plötzlich die Augen, nickte ein und raste auf ein entgegenkommendes Fahrzeug zu! Wir schrien alle auf und Frank konnte im letzten Moment noch das Steuer herumreißen.

Überall Schnee und eiskalt! In Griechenland machte ich den Vorschlag nach Süden, also Athen, zu fahren. Da war es wahrscheinlich wärmer und man konnte sich die Akropolis und andere antike Sachen ansehen. Der Vorschlag wurde von den 3 Kulturbanausen abgelehnt.

In Kavala (Nordgriechenland) nahmen wir einen japanischen Tramper mit.

Wir wussten, dass wir an der türkischen Grenze Probleme bekommen würden! Im Herbst 1968 (also ein paar Monate vorher), hatten die Türken die Grenzen für Beatniks dicht gemacht. Die Drogengesetze wurden über Nacht drastisch geändert und viele Beatniks wegen Besitz von Haschisch eingesperrt. Auch gab es drakonische Strafen. (Siehe den Film Midnight Express!)

Im starken Schneegestöber kamen wir spätabends an der türkischen Grenze an. Extrem unfreundliche Grenzbeamte empfingen uns: „No Beatnik, no Hippie, no Gammler", meinten die Türken zu uns! Von Bakschisch wollten sie nichts wissen.

In der Nähe der Grenze gab es ein billiges Hotel, wo wir eine verdammt kalte Nacht verbrachten. Am nächsten Morgen hielten wir Kriegsrat und kamen auf die Idee, unsere Haare unter Pudelmützen zu verstecken. Bei der Kälte war das bestimmt völlig unauffällig. Wir machten also einen neuen Versuch und fuhren noch mal zur Grenze. Aber, oh Schreck!! Es waren immer noch dieselben Beamten wie gestern Abend. Sie schauten uns nur höhnisch an und meinten, wir sollten endlich abhauen.

Wir setzten uns in das Grenzhaus und beschlossen, einfach nicht mehr zurückzufahren. Irgendwann kam Atze auf die wahnwitzige Idee, die Namen von den Namensschildern der Beamten abzuschreiben und sie auch noch zu beschimpfen. Einer der Türken griff fluchend zur Pistole und ich stoppte den Atze. Wir verließen dann fluchtartig die Grenzstation.

Jetzt fuhren wir nach Norden, zur Grenze bei Edirne. Der Japaner meinte, entweder kommt er mit uns in die Türkei rein (er hatte kurze Haare), oder er fährt woanders hin. Einer für alle ...! Auch bei den Samurai!

An der Grenze machten wir wieder die Haare unter die Mützen, der kurzhaarige Japaner vorneweg. Die Grenzer zeigten keine große Begeisterung, aber gaben uns endlich die Einreise-Stempel!!

Istanbul! Unter den Römer hieß die Stadt Byzanz, später wurde sie zur Hauptstadt vom oströmischen Imperium und hieß dann Konstantinopel (nach Kaiser Konstantin). 1453 eroberten die Türken Konstantinopel und nannten die Stadt Istanbul. Damit war das Mittelalter beendet und die Neuzeit fing an. Das wusste damals allerdings noch niemand.

Die schönste Kirche der Welt, Hagia Sophia, ließen die Osmanen stehen, bauten vier Minarette herum, und schon hatten sie eine wunderbare Moschee. Ebenso verfuhren sie mit den anderen Kirchen.

Wir fuhren zum Puddingshop, legendärer Beatnik-Treffpunkt! Nichts! Niemand! Ein paar Türken saßen da herum; das war alles. Einer kam zu uns und meinte leise auf Englisch, wir sollten besser Istanbul verlassen. Die Polizei macht Jagd auf Beatniks und erfinden einfach irgendwelche Gründe, um Beatniks einzusperren.

Wir blieben einen Tag in dieser schönen orientalischen Stadt, schauten uns so viel wie möglich an, und fuhren weiter.

Schnee! Überall Schnee! In den Karl May-Büchern war es in der Türkei doch immer heiß gewesen.

Wir beschlossen, soweit nach Süden zu fahren, bis es endlich wieder wärmer würde. Die Berglandschaft war sehr abenteuerlich und die Leute interessant und freundlich.

Da Frank nach der vielen Fahrerei etwas erschöpft wirkte, machte ich den Vorschlag, selber mal ein paar Stunden zu fahren. In der Autowerkstatt wo ich gearbeitet hatte, hatte ich ja auch immer Wagen hin und her rangiert. Es ging zwei Stunden lang gut, bis die Straße extrem schlecht wurde und ich gucken musste, wie sie verlief.

Ich war ja kurzsichtig und hatte keine Brille auf. Ich schaute also konzentriert auf die Straße bis Frank schrie: „Mann, pass doch auf! Du fährst ja auf den drauf." Erst jetzt sah ich das Auto und fuhr schnell rechts vorbei. „Na klar hab ich den gesehen", sagte ich schnell. Leider wollte mir das keiner glauben, und so übernahm Frank wieder das Steuer.

Idioten gibt es überall. Einmal wurden wir mitten auf einem steilen Berg im Schnee von Türken angehalten. Sie wollten uns helfen, den Wagen anzuschieben. Warum? Wir waren doch so schön in Fahrt gewesen. Da wir keine Schneeketten und Winterreifen hatten, drehten die Räder jetzt bei der Anfahrt durch, und diese bescheuerten Leute wollten uns gegen Geld wieder anschieben. Ich kochte vor Wut und die anderen versuchten, mich wieder zu beruhigen. Letztendlich bekamen sie etwas Geld, schoben uns an, und wir konnten weiterfahren.

Am nächsten Tag ein neues Problem. Frank fuhr an und dann direkt gegen eine Mauer. „Bist du bescheuert?" schrie ich. Die

Bremsleitung hatte einen Defekt und die Bremsen funktionierten nicht mehr. Wenn uns das gestern auf dem Berg passiert wäre ... ich mochte gar nicht daran denken. Eine Tankstelle war in der Nähe und dort wurde der Fehler behoben.

Irgendwo in einem Tal, wo wenig Schnee lag, hatte ich einen verrückten Einfall: „Lass uns mal ein bisschen querfeldein fahren!" Gesagt getan. Nach 30 Metern hingen wir schon im tiefsten Schlamm. Nachdem ich dann auch noch meine Kamera zum Fotografieren rausholte, waren alle stinksauer auf mich. Wir zogen und drückten, aber der Wagen bewegte sich keinen Millimeter.

Ich ging mit Jürgen los, Hilfe zu holen. In der Nähe einer Hütte kamen uns ein paar große Hunde entgegen. Sie kamen bis auf einen Meter ran, fletschten die Zähne, knurrten und machten einen sehr gefährlichen Eindruck. Wir gingen, Zentimeter für Zentimeter, langsam rückwärts, immer die Hunde im Auge. Die gingen Zentimeter für Zentimeter hinter uns her. Eine echt unangenehme Situation! Für die Hunde gab es wohl einen Sicherheit-Abstand zur Hütte, in den wir eingedrungen waren. Nach unendlich langen zehn Minuten blieben sie endlich stehen und wir konnten uns vorsichtig entfernen.

In der Hütte waren nur Frauen und als nach zwei Stunden die Männer zurückkamen, halfen sie uns mit vier Mann, den Wagen wieder freizukriegen.

In der Süd-Türkei war immer noch Schnee und wir beschlossen, nach Bagdad zu fahren. Das war ein Riesenfehler, aber wir hatten natürlich keine Ahnung, was jetzt so alles auf uns zukommen würde. Es ging an der Grenze schon los. Auf unserer deutschen Landkarte war eine Straße völlig falsch eingezeichnet. Anstatt von der Türkei direkt zum Irak zu fahren, mussten wir vorher 20 km durch Syrien mit der Eisenbahn fahren. Dazu kam unser Auto auf einen Güterwagen, was natürlich für uns Ausländer eine Stange Geld kostete.

Zwischen Deutschland und dem Irak gab es große diplomatische Probleme. Der Sechs-Tage-Krieg von 1967 war erst 1 1/2 Jahre vorbei, und Deutschland unterstützte Israel mit viel Geld. Es durften eigentlich gar keine Deutschen in den Irak rein. Das wussten wir natürlich nicht und damit waren die kommenden Probleme schon vorprogrammiert!

An der irakischen Grenze ging es los. Die Grenzbeamten diskutierten lange untereinander, bis der Chef kam. Er legte die Pässe vor sich hin und sagte 15 Minuten lang kein Wort. Wir wussten gar nicht, was wir sagen sollten. Der war ja wohl echt seltsam. Endlich sagte er: „Give me 100 Dollar" Wir wollten diesen Irren nicht reizen und gaben ihm die 100 Dollar. Klack, Klack, Klack, Klack! Vier Einreisestempel!

Auf in den Irak
Nun waren wir halb legal im Irak, und bekamen einen Polizisten als Fahrer. Wir waren total erstaunt und fanden das äußerst merkwürdig. In Mosul (Nord-Irak) wurde unser Auto dann auch noch bei einer Polizeistation eingeschlossen, und wir fühlten uns äußerst unwohl.

Später, in einer Teestube, diskutierten wir mit den Arabern über den israelisch-arabischen Konflikt. Naiverweise brachte ich das Argument, dass die Juden doch schon vor 2000 Jahren in Palästina gelebt hätten.

„Ein Feind der Araber!", schrie einer und es herrschte große Aufregung! Die Leute ließen sich gar nicht mehr beruhigen und wir gingen schnell zurück zu unserem Hotel. Am nächsten Morgen wurden wir zur Polizei geholt und gefragt, warum ich solche anti-arabischen Sachen erzählen würde. Ich entschuldigte mich und die Sache war gegessen.

Wir wollten nun nach Bagdad und bekamen wieder einen Polizisten als Fahrer. Der Polizist versuchte den Wagen zu starten, aber der sprang nicht an. Vor dem Renault R 4 stand sein Vorgesetzter und befahl dem Polizisten auszusteigen. Er war noch nicht ganz ausgestiegen, da holte der Vorgesetzte mit einem Schlagstock aus und schlug mehrmals auf seinen Untergebenen ein. Wir bekamen einen Schreck, wo waren wir denn hier? Der Irak kam uns langsam unheimlich vor! Frank schaffte es dann, den Wagen anzuschmeißen, und der Polizist konnte losfahren.

Der Schnee war endlich verschwunden und es herrschte ein angenehmes Klima; mittags vielleicht 20 Grad. Später in Bagdad wurde der Wagen dann richtig weggeschlossen und wir hatten keine Ahnung, ob wir den jemals wiederbekommen würden.

Wir beschlossen, uns ein paar Tage auszuruhen. Neues Unheil kündigte sich an. Wir erfuhren, dass vor Kurzem israelische Agenten, als Beatniks verkleidet (haben die keine andere Verkleidung?), irgendeine Aktion hier gestartet hatten. Daraufhin wurden fünf Juden hier in Bagdad der Kollaboration bezichtigt und öffentlich – ja, öffentlich!! – aufgehängt! (Zu dieser Zeit war Saddam Hussein Innenminister.) Das Land wurde mir langsam unheimlich!

Am nächsten Tag wurden wir von zwei Geheimdienstleuten angesprochen. Sie waren sehr freundlich, nahmen uns aber mit zu ihrer Zentrale, wo alle Beamten in Zivil arbeiteten. Wir bekamen Tee und saßen an einem Pult. Um uns herum herrschte ein geschäftiges Treiben. Scheinbar hatte man uns vergessen und wir saßen blöd herum. Mir war gleich klar, dass irgendein deutschsprachiger Araber uns abhörte.

Ich bekam richtige Angst, dass meine Freunde etwas Falsches erzählten und die Iraker noch falschere Schlüsse zogen. Also erzählte ich irgendwelche alten Geschichten und ließ die anderen gar nicht zu Wort kommen. Meine Kumpels hatten aber alle denselben Gedanken wie ich und hörten mir aufmerksam zu.

Nach vielleicht 20 Minuten, es kam mir vor wie eine Ewigkeit, kam einer der Agenten und fragte, was wir eigentlich wollten?

Oh, nichts, sagten wir. Standen auf und waren froh, als wir draußen waren.

In den nächsten zwei oder drei Tagen wurden wir noch mehrmals von Geheimdienstlern angesprochen. Die waren alle sehr gut gekleidet, ausgesprochen freundlich und wollten immer unsere Meinung zum israelisch-arabischen Konflikt wissen. Sie luden uns meist in eine Tee-Stube ein und bezahlten alles, was wir bestellten. Ja, natürlich, diese Israelis sind das Letzte und die Araber sind ganz toll, erzählten wir. Warum denn Deutschland dieses Israel so unterstützt, wurden wir gefragt. Keine Ahnung, wir verstanden nichts von Politik.

Unser Auto wollte die Polizei nicht mehr rausgeben. Warum, wussten sie selber nicht. Mir gefiel unsere Situation überhaupt nicht und ich fühlte mich immer unbehaglicher. Kein Auto, fast kein Geld mehr und in einem politischen, feindlichen Land.

Jetzt wollten wir zu einer deutschen Botschaft. Wir erkundigten uns und fanden heraus, dass es noch einen deutschen Botschaftsangehörigen auf der französischen Botschaft gab. Frankreich hatte wohl noch gute Beziehungen zum Irak.

„Was machen Sie denn im Irak?" wurden wir unfreundlich von diesem deutschen Botschafts-Fuzzi gefragt. Nun, Jürgen und ich wollten so schnell wie möglich aus dem Irak raus und dann wahrscheinlich wieder nach Rom. Frank und Atze wollten auf Geld von zu Hause warten und dann weiter Richtung Indien fahren.

„Unser Geld ist alle und wir brauchen Eisenbahnfahrkarten zurück nach Hause."

„Dann zeigen Sie mir mal Ihre Reisepässe!" Nach einer Minute Pass-Besichtigung: „Mensch, Sie werden ja gesucht, Herr Hinrichs", meinte er aufgeregt und feindlich.

„Ja", erwiderte ich, „weil ich keine Menschen umbringen will, werde ich jetzt weltweit gesucht!"

Er blättert weiter im Fahndungsbuch. „Naja, Wehrgesetz. Ich habe in diesem Land eh keine Möglichkeit, Sie festzunehmen und nach Deutschland zu schicken. Aber ich muss Ihnen den Reisepass beschränken." Er wurde nun freundlicher und wies uns darauf hin, dass wir als Deutsche im Irak eigentlich gar nichts zu suchen hätten.

Er beschränkte meinen Pass mit seinen Stempel so, dass ich, außerhalb Europas, nur noch durch den Irak und die Türkei fahren durfte. (Für Europa hatte ich eh noch meinen Personalausweis.)

„Ich gebe Ihnen morgen zwei Tickets von Bagdad nach Istanbul, und dann holen Sie sich dort in der deutschen Botschaft die Fahrkarten nach Deutschland."

Zwei Tage später verabschiedeten wir uns von Frank und Atze und wünschten ihnen viel Glück.

Der Zug war ein Bummelzug, hielt laufend und überall. Zwischendurch stiegen wir aus dem Zug, um Essen zu kaufen. Die Stopps waren zwischen einer Minute und 3 Stunden, sodass wir uns beim Kaufen vorsichtshalber immer sehr beeilten.

Wir freuten uns wie Kinder, als wir endlich wieder in der „FREIEN" Türkei waren!

Zwei Tage dauerte die Fahrt. Von dem wirklich letzten Geld kauften wir zwei Bus-Tickets bis zur türkisch-griechischen Grenze. Auf die deutsche Botschaft wollte ich nicht, da sie hier in der befreundeten Türkei ganz andere Möglichkeiten hatten mich festzunehmen, als im Irak.

Es war jetzt Februar 1969. Zwischen der türkischen und griechischen Grenze lag zwei km Niemandsland. Da liefen wir im strömenden Regen bei ein Grad Celsius durch.

Völlig durchnässt, mit nassem Schlafsack, fanden wir auf der griechischen Seite eine Baustelle (Neubau) wo wir uns reinschlichen. Draußen fing es an zu schneien!

„Wie sollen wir nur den Schlafsack trocken kriegen?" meinte Jürgen besorgt.

„Geh einfach rein, unsere Körperwärme macht den Schlafsack vielleicht etwas trockener."

Wir verbrachten eine fürchterliche, eiskalte Nacht im nassen Schlafsack. Nur mit viel Mühe kam ich am nächsten Morgen in meine gefrorenen Schuhe rein. Wir waren zwar nicht verzweifelt, aber doch sehr besorgt, wie es jetzt weitergehen sollte.

„Geld oder kein Geld", sagte ich zu Jürgen, „wir müssen irgendwo reingehen wo ein Ofen steht, damit wir wieder trocken werden." (Es schneite immer noch.)

Wir fanden eine Teestube mit einem warmen Ofen in der Mitte des Raumes. Da marschierten wir drauf zu und setzten uns direkt davor. (Ohne was zu bestellen!) Der Wirt kam schimpfend an und wollte uns rausschmeißen. Ich schärfte Jürgen ein: „Egal was der macht oder sagt, wir bleiben einfach sitzen!"

Nach ein paar Minuten hatte sich der Wirt wieder beruhigt und begriff wohl unsere Lage. Er brachte uns zwei Tassen Tee mit zwei Broten und gab durch Zeichensprache zu erkennen, dass wir so lange am Ofen bleiben konnten wie wir wollten.

Später an der Straße winkten wir zwei Stunden, bis ein LKW hielt. Der nahm uns mit bis Kavala. Wir rannten gleich zum Krankenhaus und fragten, ob man gegen Geld Blut spenden könnte. Ja, das durften wir und bekamen sogar umgerechnet jeder 50 DM.

Mit dem nächsten Bus fuhren wir nach Thessaloniki und gingen gleich zum Bahnhof. Nachdem wir mal wieder ordentlich gegessen hatten, kauften wir von dem restlichen Geld zwei Tikkets nach Belgrad (Jugoslawien). Wir übernachteten auf dem Bahnhof und morgens um 7:00 Uhr fuhr unsere Eisenbahn los. Als der Zug an der Grenze ankam, gab es richtigen Ärger mit einem völlig bescheuerten jugoslawischen Grenzbeamten!

Unglücklicherweise zeigten wir aus Gewohnheit unsere Reisepässe. Der Beamte wollte von uns zwei mal acht DM Visa-Gebühr haben. Die hatten wir aber nicht. Später erfuhren wir, dass man mit Personalausweis, wo man ja kein Visa reinstempeln kann, keine Gebühr bezahlt. Dieser bekloppte Beamte schmiss uns einfach an der Grenze raus, ohne uns darauf aufmerksam zu machen, das wir nur unseren Personalausweis hätten zeigen müssen, um weiter zu können!

Wir fuhren wieder zurück nach Saloniki und gingen gleich auf die deutsche Botschaft. Warum wir nicht in Istanbul zur Botschaft gegangen wären, muffelte uns ein Beamter an. Ich ließ ihn einfach reden und hatte große Angst, dass er ins Fahndungsbuch schauen würde. Ein Unsympath, der viel dummes Zeug redete aber das Wichtigste (aus seiner Sicht) vergaß. Gott sei Dank auch! Wir bekamen Fahrkarten bis zur deutschen Grenze (Kufstein) für die Fahrt, die über Belgrad und Zagreb ging.

Wieder eine Nacht auf dem Bahnhof, und dann mit dem Zug über Belgrad nach Zagreb. Jetzt war es nicht mehr weit bis Italien! Von Zagreb aus schafften wir es dann irgendwie, schwarz mit einem Zug bis nach Triest (Italien) zu fahren.

Mann, waren wir froh, wieder in Italien zu sein! Echt Klasse hier! Freundliche Menschen, das Wetter war wieder gut, Mittelmeer, Segelboote – was wollte man mehr.

Anstatt zu trampen, gingen wir so lange schnorren, bis wir das Geld für den Zug nach Florenz zusammen hatten. Dort wiederholten wir die Sache und zwei Tage später waren wir wieder in Rom. Die Tour in den Irak und zurück hatte etwa einen Monat gedauert.

7. Handschellen

Wir besorgten uns wieder Zange, Silberdraht und Tapezier-Tisch. Abends verkauften wir den Schmuck auf der Piazza Navona, und tagsüber hingen wir meist auf der Spanischen Treppe herum. Da kannten wir noch Leute und lernten auch neue kennen. Ab und zu kamen auch Prominente zur Treppe, manchmal irgendeine Prinzessin und einmal sogar Klaus Kinski. Da wurde dann geflüstert, guck mal, das ist der und der.

Am 28. Februar 1969 machte Präsident Nixon seinen Antrittsbesuch in Rom. Bei den Demonstrationen waren wir natürlich dabei (viele Verletzte und ein Toter). Der Jürgen ging noch anschließend mit, eine Schule zu besetzen, und konnte von dort aus eine Stunde mit seiner Mutter telefonieren.

Zu Ostern besuchten wir eine Messe in den Katakomben, außerhalb von Rom. Irgendein Pfaffe hatte auf der Spanischen Treppe die Beatniks aktiviert und wir fuhren einfach mal mit. Es war echt gut und am Ende gab es sogar noch ein Essen.

Anfang Juni wurden wir wieder unruhig. Wir lernten einen französischsprachigen Schweizer kennen. Ein junger kleinerer Beatnik mit einer höheren Schulbildung. Er hatte Bart, lange Haare und war klein und dünn. Jean-Pierre sprach fließend Deutsch, Englisch und Französisch. Er hatte eine angenehme Stimme und konnte gut erzählen. Die meisten Leute waren schnell beeindruckt von ihm und fanden ihn äußerst sympathisch.

Mit dem wollten wir auf Reisen gehen. Erst mal losfahren und dann weitersehen. Als erstes trampten wir zur Schweiz. In Bern wohnte die Mutter von Jean-Pierre und da machten wir eine Woche Urlaub.

Mit Jean-Pierre zusammen besuchten wir einen langhaarigen Philosophie-Studenten in Bern. Urbach oder so ähnlich nannte er sich. Der war 2 Meter groß, breit und kräftig gebaut. Sah aus wie der Riese Goliath und hatte eine extrem tiefe Stimme. Er las uns eine halbe Stunde lang Alt-Griechische Texte in Originalsprache mit einer lauten, urigen Stimme vor. Keine Ahnung, warum es da ging. Ganz dicht war der jedenfalls nicht, aber es war trotzdem hochinteressant.

Jürgen wollte plötzlich nach Hause. Er traf die Entscheidung über Nacht und hatte es am nächsten Tag eilig, sich von uns zu verabschieden.

Ich trampte mit Jean-Pierre nach Genf, wo wir Unterschlupf

in einer mit ihm befreundeten Kommune fanden. Die Kommunarden sprachen nur Französisch und etwas Englisch.

Es gab einen coolen Beatschuppen gleich um die Ecke. Da lernte ich die Maria aus Österreich kennen. Maria war 17 Jahre alt; ihre dunklen Haare gingen gerade mal bis an die Schulter, was für meinen Geschmack etwas zu kurz war. Sie hatte ein sehr schönes Gesicht und einen etwas zerbrechlich wirkenden Körper.

Maria arbeitete für ein Jahr in einem französischsprachigen Haushalt, um Französisch zu lernen. Ihr Hochdeutsch war so gut, dass man fast kein Österreichisch heraushörte. Nach einiger Zeit waren wir zusammen und sie besuchte mich jeden Abend in der Kommune.

Drei Wochen später wollte Jean-Pierre weiter. Ich packte meine Sachen und wir trampten zur französischen Grenze. Als ich die französischen Grenzbeamten mit ihren komischen Kappen sah, fiel mir gleich die CRS ein. Ich dachte an Maria und auf einmal hatte ich überhaupt keine Lust mehr, nach Frankreich einzureisen.

Natürlich war mir alles äußerst peinlich, aber Jean-Pierre grinste nur. „Ich hatte mich schon gewundert, dass du überhaupt mitgefahren bist. Alles kein Problem, wir treffen uns bestimmt irgendwann, irgendwo."

Wieder zurück. Großes Wiedersehen mit Maria. Sie freute sich genauso wie ich!

Die Kommunarden schienen nicht so begeistert zu sein, aber eine andere Schlafstelle hatte ich nicht. Insgesamt blieb ich 2 1/2 Monate in Genf.

Mein Geld wurde immer weniger und Maria brachte mir jetzt öfter Brote mit. Wir hatten eine super Zeit, aber eines Morgens gab es eine Razzia. Wir wurden zur Polizeistation gebracht und verhört. Man hatte ein kg Pot gefunden. Die Kommunarden waren so ehrlich, dass sie alle aussagten, ich hätte mit dem Pot nichts zu tun.

Die Polizei kam dann an, und ich wurde beschuldigt, in einer

Schweizer Wohnung gelebt zu haben, ohne mich beim Einwohnermeldeamt anzumelden. Damit konnte man mich abschieben. Wir wurden alle eingesperrt.

Am Nachmittag kam Maria plötzlich in die Zelle. Sie hatte so lang Trouble gemacht, bis man sie zu mir rein ließ. Die Polizisten waren echt so nett, dass sie uns für eine halbe Stunde zusammen einsperrten. Nach großen Abschiedsszenen wurde ich in eine Minna geschoben und zur Grenze gebracht.

Na klar, wenn man schon mit einem Polizei-Auto zur Grenze gebracht wird, gucken die Deutschen natürlich ins Fahndungsbuch. Trotzdem hofft man bis zur letzten Sekunde, dass alles gut geht.

„Sie stehen im Fahndungsbuch!" hörte ich eine grimmige Stimme und die Handschellen klickten. Eine halbe Stunde später saß ich in einer deutschen Zelle.

8. Viva Germania

Der beste Wärter kann die Freiheit nicht ersetzen, schreibt Rüdiger Nehberg in seinem Survival-Handbuch.

In der Justizvollzugsanstalt Lörrach, an der Schweizer Grenze, gab es Kost und Logis frei. Ich kostete den deutschen Steuerzahler jetzt jeden Tag 60 DM. Für einen Beatnik, der sich bis jetzt ständig Gedanken wegen Essen und Schlafen machen musste, war es gar nicht so unkomfortabel. Da ich leicht unterernährt war, beantragte ich zusätzliche Kost und bekam sie auch. Ich war wohl der einzige Untersuchungs-Gefangene, dem das Essen hier gut schmeckte. Die anderen Gefangenen schütteten oft die Hälfte des Essens in den Bello (Klo) oder gaben es mir. Ich war also essens- und schlafmäßig gut versorgt.

Die Probleme waren eigentlich mehr psychischer Natur. Ich fühlte mich eingesperrt! Beim Hofgang dachte ich, wie hoch ist die Mauer? Ob da schon mal welche drüber geklettert sind? Wie komme ich hier wieder raus? Wie lange muss ich hier bleiben? Was wird der Richter sagen, usw.

Das schlimmste sind die ersten Tage. Durch das plötzliche Eingesperrtsein bekommt man so was wie einen Schock. Ich träumte nachts von draußen und wenn ich aufwachte, war ich immer noch drinnen.

Nach ein paar Wochen aber hatte ich mich einigermaßen eingewöhnt und nahm die Sache dann viel cooler.

Am 3. Juli 1969 erfuhr ich über Radio, dass Brian Jones von den Rolling Stones gestorben war, und am 21. Juli hörte ich von der Mondlandung der Amis. John F. Kennedy hatte also Wort gehalten.

Von Lörrach aus wurde ich nach Lüneburg geschickt – warum? Man wird da eingesperrt, wo man sein Verbrechen verübt hat. Mein Verbrechen war, mich am 1. August 1968 in der Scharnhorst-Kaserne Lüneburg nicht gemeldet zu haben.

Mein Zellengenosse in Lüneburg war ein Zuhälter. Kein angenehmer Mensch, aber er gab mir wichtige Ratschläge. Zum Beispiel stellte ich, auf seinen Rat hin, einen Antrag auf beschleunigtes Verfahren. Dadurch blieb ich nur zwei statt drei Monate in U-Haft. Auch von dem Recht auf Arbeitsverweigerung machte ich auf seinen Rat hin Gebrauch. Na klar, ich war ja schließlich ein Beatnik.

Irgendwann wurden wir gefragt, ob wir einen Mörder als dritten Mann in der Zelle aufnehmen würden. Der Zuhälter nickte und so stimmte ich auch zu.

Einen echten Mörder hatte ich mir anders vorgestellt. In der ersten Nacht war ich etwas beunruhigt. Es stellte sich aber raus, dass der Neue angenehmer war als der Zuhälter und bei Meinungsverschiedenheiten stand er meist hinter mir. Der Neue war sehr ruhig und verschlossen und sprach nie über sein Delikt (er hatte seine Frau umgebracht). Am Ende wünschte ich ihm noch viel Glück bei seiner Verhandlung.

Meine Eltern kamen zu Besuch. Meine Mutter war völlig fertig, aber mein Vater und ich machten Witze. Als ehemaliger Wehrmachts-Soldat, der in Frankreich und Russland an der Front gewesen war, hielt er nichts vom Militär. Er stand voll auf meiner Seite und besorgte mir auch einen Rechtsanwalt.

Der Rechtsanwalt machte mir Vorwürfe, dass ich ohne ihn ausgesagt hätte. Alles, was man aussagt, kann und wird gegen einen verwendet. Ich hatte gedacht, mit einer ehrlichen Aussage einen guten Eindruck zu machen, was natürlich völliger Blödsinn ist! Aber ich war ja noch jung.

Atze kam auch zu Besuch. Irgendwie hatte ich noch seine Adresse aus Lüneburg, und so kam er mich regelmäßig besuchen. Er war Pazifist und meinte, ich sollte mir vor Gericht bloß nichts gefallen lassen. Na, der hatte gut reden!

Einen Tag vor der Verhandlung überlegte ich, ob ich mir die langen Haare abschneiden lassen sollte? Na klar, der Richter war bestimmt kein Beatnik, sondern ein normaler Spießer.

Mein Zellengenosse gab mir den gleichen Rat: „Beim Bund kommen deine Haare eh ab! Ob jetzt oder ein paar Tage später ist doch egal! Du musst aber auf den Richter einen guten Eindruck machen, sonst bekommst du vielleicht keine Bewährung und bleibst wegen deiner Haare noch ein halbes Jahr länger hier!"

Der Knacki hatte natürlich recht. Ich ließ den Knastfrisör kommen und der grinste. „Na, sind die Haare zu warm geworden?" Blödmann, dachte ich und ließ die Prozedur über mich ergehen.

Anschließend gab der Frisör mir einen kleinen Spiegel. Ich war entsetzt. Das sollte ich sein?

Nach zwei langen Monaten war dann endlich die Verhandlung. Atze kam mit ein paar langhaarigen Kumpels. Meine Eltern waren auch da. Dass ich mir die Haare hatte kurz schneiden lassen, gefiel Atze überhaupt nicht. Vielleicht war ich in seinen Augen jetzt so was wie ein Duckmäuser.

„Im Namen des deutschen Volkes ergeht folgendes Urteil: Der Angeklagte Horst Hinrichs ... bla-bla-bla ... zu sechs Monaten Gefängnis verurteilt. Die Reststrafe wird zur Bewährung ausgesetzt."

Der Richter gab mir noch den Rat, mich nicht von solchen Leuten (er deutete mit dem Kopf auf Atze und seine Kumpels) beeinflussen zu lassen. Auch erklärte er mir, dass ich bei einer Wiederholung der Straftat (also abhauen) mit zwölf Monaten zu rechnen hätte. Zusätzlich die vier Monate Bewährung, wären das dann zusammen 16 Monate. Da wäre es doch wohl intelligenter, 18 Monate zur Bundeswehr zu gehen. Na ja, damit hatte er wohl nicht ganz unrecht.

Der Hauptmann der Kompanie stand schon bereit, mich abzuholen. Mein Vater versuchte ihn zu überreden, mir erst mal zwei Wochen frei zu geben, aber da ließ der Herr Hauptmann sich nicht drauf ein.

Kein Mensch, kein Tier, ein Panzergrenadier.
Äh, nein, Kanonier hieß ich auf einmal. Ich kam mir vor wie in einer Irrenanstalt. Als Deserteur war ich sofort bekannt wie ein bunter Hund, dabei hieß die Parole, nicht auffallen.

In der Stube 23 waren merkwürdige Genossen. Einer, den nannten sie Professor, der saß stundenlang vor seinem Spind und grübelte; hatte wahrscheinlich Depressionen. Ein anderer laberte den ganzen Tag laut im Ruhrpott-Slang irgendeinen Mist. Ein dritter war ein klobiger dummer Bauer. Ich war Deserteur und ein fünfter beschwerte sich darüber, dass er als normaler Mensch nur mit Extremisten auf einer Stube wäre.

Um zehn Uhr abends kam der UvD (Unteroffizier vom Dienst). „Stube 23 gereinigt und gelüftet, Stuben-Dienst Kanonier Hinrichs", hatte man mir beigebracht. Es kam mir alles völlig unwirklich und verrückt vor.

Zweimal die Woche marschierten wir elf km raus in den Wald.

Im Gegensatz zu den anderen machte mir das Spaß. „Tritt dem Langen doch mal in die Hacken, damit der langsamer geht", schrien manche. Ich ging als Größter voneweg und die anderen mussten mithalten.

Einmal im Monat war Gottesdienst. „Die Evangelischen links, die Katholischen rechts antreten. Wer meint, er wäre Atheist oder sonst was, kann die Kaserne putzen." Es gab keine Atheisten!

Die Ausbilder waren nicht so meine Wellenlänge. Je niedriger der Dienstgrad, desto unangenehmer waren die. Bis auf den Spieß (Hauptfeldwebel); der schien in Ordnung zu sein. „Wenn Ihr die Schnauze voll habt und in die Ostzone abhauen wollt, kommt Ihr erst mal zu mir und wir reden drüber. Ihr kriegt dann einfach mal ein paar Tage Urlaub."

Das einzig Gute war das Essen. Jetzt konnte ich so richtig reinhauen, das war ja noch viel besser als im Knast!

„Kanonier Hinrichs", meinte der Kompaniechef nach 2 Monaten, „Sie haben bei der Prüfung sehr gute Leistungen gezeigt, ich werde mich darum kümmern, dass Sie mit der Grundausbildung fertig sind." Obwohl ich nur zwei und die anderen drei Monate Ausbildung gehabt hatten, hatte ich überdurchschnittlich gut bei der End-Prüfung (Schießen, Kompassnavigation usw.) abgeschnitten.

Natürlich war alles nur bla-bla, ich musste die drei Monate Grund-Ausbildung nochmal machen.

Die werden sich noch wundern, dachte ich. Ab sofort war mein Dienst ganz lässig. Beim Antreten ging ich gemütlich die Treppe runter, während alle anderen liefen. Ich wusste, wenn man beim Antreten Zweit- oder Drittletzter war, war immer noch alles noch OK. Nur der Letzte bekommt einen Anschiss. Überhaupt war ich jetzt der einzige Rekrut, der wusste, wie der Hase lief.

Unter den neuen Rotärschen (Rekruten) waren 3 Beatniks. Wir bildeten eine Gemeinschaft und das Soldatenleben wurde etwas lustiger. Natürlich hatte man uns schnell auf dem Kieker. „Vier Freiwillige für die Feuerwache am Wochenende vortreten", brüllte der Zugführer. Natürlich meldete sich keiner. „Gut, dann such ich die Freiwilligen aus! Hinrichs, Mathemaier, Springsklee und Teuber." Und schon hatte er uns alle Vier mit einem Schlag abgestraft.

Wir ließen uns aber nicht unterkriegen und fuhren Freitag und Samstagabend nach Hamburg (60 km). Dort hingen wir im Star-Club und anderen super Läden rum. Das war ja noch viel besser als Wochenend-Urlaub in Wuppertal.

„Willst du wirklich bei diesem Haufen weiter mitmachen und vielleicht irgendwann Menschen erschießen?" Pazifist Atze hielt mir große Vorträge.

„Ich weiß gar nicht, wie man so eine Verweigerung macht", sagte ich zu Atze. Der setzte sich gleich hin, fing an zu schreiben und meinte: „hier unterschreiben".

Den Zettel steckten wir in einen Briefumschlag und schickten ihn zum Kreiswehrersatzamt Wuppertal. Ein paar Monate später (im 7. Monat nach Dienstantritt), wurde ich zum Kompaniechef gerufen.

Der Hauptmann wollte meine Gründe für die Verweigerung wissen. Ich erklärte sie ihm und er meinte: „So einen Stuss hab ich noch nie gehört. Damit kommen Sie niemals durch. Aber warten Sie, wenn Sie wiederkommen werden Sie sich bei uns noch wundern!" Das sollte wohl eine Drohung sein.

Zwei Tage später ging ich die Rathaustreppe in Wuppertal-Barmen rauf. Ich war nervös und aufgeregt. Was sollte ich sagen? Welche Fallen würden sie mir stellen? War ich richtig vorbereitet?

„Sie gehen mit Ihrer Freundin im Wald spazieren, plötzlich kommt ein Verbrecher und fängt an, Ihre Freundin zu vergewaltigen. Was machen Sie da? Ja, schauen Sie denn da einfach zu, oder was?" wurde ich aggressiv gefragt.

„Ich versuche natürlich, den Täter wegzureißen." „Sie haben

ein Messer dabei und der Täter ist größer und stärker als Sie, nehmen Sie dann nicht besser das Messer?"

„Ich habe niemals ein Messer dabei."

Nach über einer Stunde Verhör wurde ich tatsächlich anerkannt und eine unglaubliche Erleichterung überfiel mich. Am nächsten Tag war ich wieder beim Kompaniechef.

„Tach Herr Hauptmann, ich hab Ihnen hier was zum Lesen mitgebracht"; eine Hand hatte ich demonstrativ in der Hosentasche.

„Gehnse, Hinrichs, gehnse", meinte er bloß.

Endlich wieder Zivilist! Wegen der kurzen Haare konnte ich mich wohl noch nicht Beatnik nennen. Aber was war denn mit den anderen los? Jeder dritte oder vierte rannte plötzlich mit langen Haaren herum. Selbst die Spieler der deutschen Fußball-Nationalmannschaft hatten lange Haare. Alle anderen schienen sich seltsamerweise nicht mehr dran zu stören.

Der Verteidigungs-Minister Helmut Schmidt erließ ein Haargesetz für die Bundeswehr. Auf einmal hatte die deutsche Armee die längsten Soldaten-Haare der Welt. Die Holländer folgten dem kurze Zeit später.

Nun war es umgekehrt. Ich ging in einen Beatschuppen und wurde argwöhnisch beäugt. „Ist das ein Bulle?", tuschelten manche. Verkehrte Welt!

Auch die Musik war auf einmal ganz anders. Psychedelische Musik nannten die das. Pink Floyd, Kraftwerk, King Crimson was war das für ein Schrott?

„Hast du noch nicht gemerkt, dass der 2. Weltkrieg schon lange zu Ende ist?", wurde mir gesagt, als ich eine Stones-Platte auflegte.

Langspielplatten wurden nicht mehr gekauft, sondern geklaut. „Äh, willste Platten kaufen?" Die Jung-Freaks hatten ihre Platten unter langen Leder-Mänteln versteckt und standen am Eingang vom Wilhelmstübchen. „Du kannst auch bei mir bestellen, wat brauchste denn?"

Statt Pot zu rauchen, war es jetzt „IN", LSD-Trips zu schmeißen.

„Mensch Hinner, da bekommst du eine Bewusstseins-Erweiterung und den richtigen Durchblick! Du kannst dann sogar Musik sehen!"

Die Typen sahen nicht so aus, als wenn sie den Durchblick hätten. Im Gegenteil, viele machten den Eindruck, als ob sie völlig durcheinander wären. Konzentrations-Schwierigkeiten hatten die auch.

„Na ja, der ist auf einem Trip hängengeblieben" meinten sie, wenn ich auf so einen Durcheinander-Typ aufmerksam machte.

Ich hatte noch zwei Monate Zeit bis zu meinem Dienstantritt in einem Siegener Krankenhaus. Bei HERTIE bekam ich einen Job als Tellerwäscher und Tisch-Abräumer. Mann, war das peinlich. Hinner, der Globetrotter, als Tellerwäscher. Ich guckte laufend, ob ein Bekannter vorbeikam und mich sah.

Siegen, Juni 1970. Der Hausmeister im Siegener Krankenhaus war Kommunist und ich sein neuer Helfer. Wir kamen prima miteinander aus. Einmal meinte er zu mir: „Nimm dir eine Ölkanne und öle alle Fenster und Türen." Das riesige Krankenhaus hatte acht Stockwerke. „Alle Fenster und Türen?", meinte ich schockiert.

„Ja natürlich, du kannst dir ja einen Monat Zeit nehmen." Drei Wochen später gab ich ihm die Ölkanne. „Unten im Leichenkeller müssen Sie selber ölen."

„Du hast doch wohl keine Angst vor den Toten", lachte er, „das sind die einzigen Menschen die dir nichts tun können." Das wusste ich auch, trotzdem fühlte ich mich im Leichenkeller, alleine mit der Ölkanne, nicht besonders wohl.

Friedhelm Hüppop

Meine haarigen 50er und 60er Jahre

Hier einige (für mich) bemerkenswerte Ereignisse
1950 DDR und BRD entstehen
1954 Das Wunder von Bern: Deutschland wird zum 1. Mal Fußballweltmeister
1955 Meine Einschulung
1955 Die Bundeswehr wird ins Leben gerufen
1958 Elvis Presley tritt seinen Wehrdienst in Deutschland an
1960 Cassius Clay (Boxer) gewinnt olympische Goldmedaille in Rom
1960 Brasilia wird Hauptstadt von Brasilien
1960 Die Flower-Power-Zeit (Hippiebewegung) beginnt
1961 Juri Gagarins erster Raumflug eines Menschen
1961 Bau der Berliner Mauer
1961 Contergan-Skandal beginnt
1962 Kubakrise
1962 Elbeflut in Hamburg
1963 Die Fußball-Bundesliga wird ins Leben gerufen
1963 Ermordung J.F. Kennedys
1963 Meine Schulentlassung
1963 Wir ziehen nach Unterbarmen (Loh)
1963 Wir bekommen einen Fernseher und ein Telefon
1963 Meine Lehre beginnt
1963 Der Durchbruch der Beatles und Rolling Stones
1964 „Das Schweigen" (Kinofilm)
1964 „491" (Kinofilm)
1964 Cassius Clay (später *Muhammad Ali*) wird Weltmeister gegen Sonny Liston
1964 Der Vietnamkrieg beginnt
1965 Bayern München steigt in die erste Fußballbundesliga auf

1965 Rolling Stones-Konzert in der Grugahalle in Essen
1966 Lehre bestanden
1966 Der „Keller" zieht in die Wittensteinstraße
1966 Deutschland wird Fußball-Vizeweltmeister in England (Wembley-Tor)
1967 Start des Farbfernsehens
1968 Erster Mondflug (ohne Landung)
1968 Die Frau für's Leben kennengelernt
1968 Einberufung zur Bundeswehr
1968 Asterix Band 1 erscheint
1969 Erste Mondlandung (Juli)
1969 Woodstock-Festival

Vorwort

Da ich seit meiner Schulzeit und später in meinem Beruf als Jünger Gutenbergs (die Mehrzahl der Menschheit war damals der Meinung, Schriftsetzer hätten ein anne Klatsche), immer auf eine korrekte Sprech- und Schreibweise achten musste, habe ich mich mit 60 Jahren (da bin ich vorzeitig in Rente gegangen) entschlossen, Inoffizielles, vor allem z.B. per Mail und Facebook, nur noch in „meiner eigenen Lautschrift" (Mix aus Wuppertal-Slang, platt, eigene Wortschöpfungen etc., hasse nich gesehn) zu denken, zu sprechen und zu schreiben. Dafür habe ich allerdings die automatische Rechtschreibprüfung aus den Textprogrammen entfernt, sonst würde ich nur noch rot sehen (im wahrsten Sinne des Wortes).

Wie alles anfing ...

Mein elendiges Leben begann am 307. Tach des Schaltjahres 1948 im November, am 2. dieses Monats, im Sternzeichen des Skorpions, einem Dienstach (weil et in dem Jahr nur 366 Tage gab), etwa um ca. so ungefähr zwischen 6:03 un 6:07 p.m. (für alle Pharisäer: 18:03 Uhr un 18:07 Uhr = Anm. d. Red.) mit meiner un de

Geburt von de später sehr bekannten Schauspielerin un Autorin Sibylle Kuhne. Gleichzeitich erblickten an dem Tach au Günther Nonnenmacher, en deutscher Journalist un de berühmte Fußballspieler un Trainer Gerd Störzer dat Licht der Welt (alle diese Leute kannte ich bis dato no ga nich). Obwohl ich bei meiner eigenen Geburt wahrscheinlich live dabei wa, kann ich mich abber dadrauf nich mehr so richtich besinnen. Laut meiner Mutter, die auch dabei gewesen sein will, wie gesacht, ich weiß et nich mehr so genau, hatte ich eine (wahrscheinlich meine eigene) Nabelschnur ummen Hals un wa schon blau angelaufen, also fast klinisch tot. Irgendjemand hat die Schnur dann wohl entfernt, mich anne Füße mimm Kopp na unten gehalten un mir als erstes in mein Leben den Arsch versohlt, bis ich durch lautes Schreien zu verstehn gab, dat ich getz im Leben angekommen bin un von allein Luft holen (atmen) kann. Leider hab ich bis heute nich herausgekricht, wer mir dat angetan hatte. Man munkelt, dat dat ne Hebamme wa, denn so viel ich getz weiß, fand die Geburt bei uns zu Hause statt. Leider weiß ich au nich, ob un wieviel Haare ich aum Kopp hatte, die hätten mir bestimmt zu Berge gestanden, bzw. zu Tal gehangen (wäre meine allererste Trendfrisur, Igel, gewesen), denn man hatte mich ja anne Füße na unten gehalten. Jedenfalls hab ich mich davon wohl irgendwie doch erholt un entwickelte mich mehr oder weniger gut, obwohl wir sehr beengt in einer Zweizimmer-Wohnung lebten. Da wir nich besonders begütert waren, wir hatten weder Telefon noch Radio, ganz zu schweigen von en Fernseher un mussten sparsam mit Licht umgehen, meinten meine Eltern trotzdem (ich nehme an aus Langeweile) mir noch en Bruder aum Auge drücken zu müssen. Ne kleine Schwester dachte wohl kurz nach der Geburt, nachdem sie dat ganze Elend begutachtet hatte: „Nö, hier bleib ich nich", un machte sich schnell widder vom Acker. En anderes Kind meinte wahrscheinlich, nachdem et Bekanntschaft mit ner Stricknadel gemacht hatte, sich lieber ga nich ers blicken zu lassen. Un dat alles auf zwei Zimmer.

Irgendwann kam dann dat Thema Haare schneiden auf. Um dat Geld für'n Frisör zu sparen, wurde ne Schere mit Zacken un ne unelektrische (ne andere glaub ich, gab et damals no ganich) Haarschneidemaschine angeschafft. Ne normale Schere, die auch zum Tapezieren benutzt wurde, wa zum Glück schon vorhanden. Meine Mutter musste sich dann an unseren Köppen versuchen, obwohl sie keine Ahnung vom Haareschneiden hatte.

Ich wa immer der Schmutzigste im weiten Umkreis un ne Frisur wie ne Karre Asche.

Weil se von Beruf Näherin, Schneiderin, Häklerin, Strickerin oder sowat Ähnliches wa, konnte se zum Glück abber einigermaßen mit ne Schere umgehen. Mein Vatter, mein Bruder un ich mussten trotzdem dran glauben. Mein Vatter versuchte et an meine Mutter, Hauptsache Nacken sauber. Wie wir am „Anfang" aussahen (bis meine Mutter einigermaßen mit dem Dingen umgehen konnte, vergingen ca. zwei Jahre un drei Monate), sacht de folgende, schon etwas betaachtere Witz:

Kommt en Mann nam Frisör. Fraacht dieser: „Wie hätten Sie's denn gerne?" De Kunde darauf: „Ooch, die rechte Seite bitte ganz kurz mit en paa Macken drin un mit de Schere ma kurz innet Ohr schneiden. Vorne schräch von links na rechts mit en paa Zacken. Die linke Seite ga nix dran machen, so lassen. Hinten ganz schief schneiden un quer über den Hinterkopp mehrere Treppen rein hacken." De Frisör fängt kurz am Stutzen un meint dann: „Nee, dat kann ich doch nich machen." Darauf de Kunde: „Wieso nich, ham Se doch beim letzten Mal au gemacht!" (Lach, Witz Ende)

Mein Bruder un ich im selbsgestrickten Maßanzuch kuchz vorm Auftritt.

Mein Vatter wa Maschinenbauschlosser un meinte immer, leichte Schläge auf den Hinterkopp würden dat Denkvermögen erhöhen. Da er Hände wie Schraubstöcke hatte, waren seine „leichten" Schläge aum Kopp, als wenne ne Eisenstange anne Birne gekricht hätts. Erstaunlicherweise aber war er sehr musikalisch (von sein Vatter geerbt, der spielte Cello, starb aber leider schon mit 31 Jahre, da wa mein Vatter ers zwei) un konnte soga Noten lesen. He wa im Wichlinghauser Männergesangverein un im Dezember wa für mein Bruder un mich für ne Nikelasfeier immer en Lied aussem Gesangbuch angesacht. Wir mussten dann solange üben, bis wir auf diese Feier aum Stuhl stehend vor dem ganzen Club einwandfrei en Lied trällern konnten. Et war für uns immer en Horror, wat wir aber nich zugeben konnten wollten.

Irgendwann kauften he sich beim Wessely ein komplettes Schlachzeuch in Perlmuttoptik für schlappe 600 Mark. Dat war, glaub ich, mehr als sein Monatslohn. Ich hab den Vertrach ma irgendwann gefunden. Dat Dingen musste in Monatsraten zu je 40 Mark abbezahlt werden. Da mein Vatter in meinen Augen auch en handwerkliches Genie war, hatte er sich unter anderem auch en Koffer aus Holz „gebastelt, geschnitzt, geschweißt, gehämmert, geklöppelt, gehobelt" oder so, wo alles für en Schlachzeug gebrauchte Zubehör (diverse Trommelstöcke usw.) untergebracht werden konnte.

*Mein Vatter mit sein Schlachzeuch.
Im Hintergrund de selbsgebastelte Koffer.*

He glaubte, dat ich später ma in seine Fußstapfen treten würde, musikalisch un handwerklich (beides leider ganz weit daneben – davon später mehr). Er gründete mit drei Freunden (Schlachzeuch, Klavier, Akkordeon un Bass) ne „Tanzkapelle" um en bisskn Kohle nebenbei zu verdienen. Se spielten nur am Wochenende in diversen Tanzlokalen. Dat wa wohl einer der ersten Boybands in Wuppertal-Barmen. Eines nachts kam he mit en großen schwarzen Schäferhund (er schwärmte für diese Hunde – wie gesacht, wir hatten nur zwei Zimmer) nach Hause. Ich hab meine Mutter bis heute nie widder so ausflippen gesehen. Da mein Vatter, wie meistens nach solchen „musikalischen" Abenden, in ziemlich ausgelassener, fröhlicher Stimmung wa, hat he meine Mutter einfach ignoriert. Abber am nächsten Tach „durfte" er den Hund zum Glück dann schnell widder los werden.

Da ich noch zu jung wa, hab ich mir über mein Aussehen nich groß den verunstalteten Kopp zerbrochen. Außerdem wa de einzige Spiegel überm Spülstein in dem Raum, de als Wohn-, Eß-, Kinderzimmer, Küche un! Bad (die Toilette wa zum Glück ne Etaje tiefer un musste nur mit den Nachbarn geteilt werden) so hoch angebracht, dat ich mich, ohne auf en höheren Gegenstand zu klettern, ga nich sehen konnte. Irgendwann fand ich dann ma en Rasierspiegel von mein Vatter. Der Mensch darin sah ga nich so schlecht aus, wenn die Frisur nich gewesen wär. Wie gesacht, ich wa noch jung. Bis ich 1955 eingeschult wurde, hatte meine Mutter die Zackenschere un den unelektrischen Apparat einigermaßen im Griff un ich konnte mich unter meinesgleichen sehen lassen, dachte ich. Abber wie dat so is, irgendwelche Hirnis hatten immer wat zu meckern un versuchten mich zu hänseln.

Ob ich untern Rasenmäher gekommen wäre oder ob mein Frisör sich die Arme gebrochen hätte.

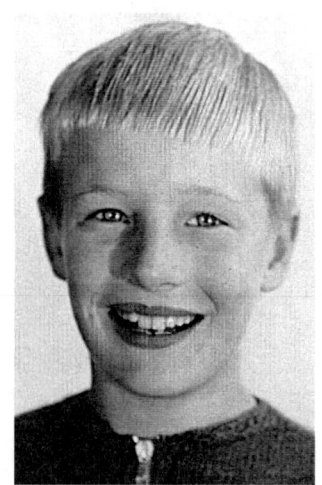

Man beachte meinen schiefen Ponny.

Irgendwann ging mir dat so aum Zeiger, dat ich dieset Thema ma zu Hause aum Trapez brachte. Meine Eltern waren zuerst überrascht, hatten dann abber doch ein Einsehen. Mein Vatter hatte wohl, glaub ich, damals die Stelle gewechselt. Er is bei de Stadtwerke angefangen. Neben vielen Vergünstigungen (Freifahrkarte, halbe Stromkosten usw.) gab et auch wohl noch en bissken mehr Kohle, so dat ab getz en Frisör in Betracht gezogen werden konnte. De Schnitt war zwar sauberer, abber die Haare immer sehr kurz. Et gab den Kurzhaar- (0,95 Fennich) oder den Fassonschnitt (1,25 Mark).

Dat Problem (hatte abber auch sein Gutes) mit dem neuen Job war abber, dat mein Vatter drei Schichten machen musste un ich ihm bei Spätschicht, sonn- un feiertachs, Essen bringen musste. Ich lief von Langerfeld ersma ne gute halbe Stunde na Oberbarmen, um mitte Schwebebahn bis na Westende (zwei Stazionen vor Zoo/Stadion) zu fahren. Dat waren au ma eben ca. 30,2 Minuten. Von da zum Werk un darin au nomma ca. sieben Minuten, dann warten bis mein Vatter aufgegessen hatte (et wa nich de schnellste Esser). Dat ganze dann widder retour. Mit Wartezeiten auffe Schwebebahn (damals fuhr die noch nich so oft, vor allem nich an Sonn- un Feiertagen) war ich dann den ganzen Nammitach unterweechs.

Zu dieser Zeit (unvorstellbar: kein Fernseher, kein Telefon, den Ausdruck Internet gab et noch ga nich un Computer kannte man so au nich) haben wir noch draußen anne frische Luft gespielt. Fangen, verstecken, mitte Heuer spielen usw. Da et noch lange nich so viele Autos wie heute gab, konnten wir sogar Fußball auffe Straße spielen. Zu dieser Zeit konnte man uns Blagen noch mit Hausarrest bestrafen. Heute is et genau umgekehrt. Undenkba: Raus auffe Straße oder aum Hof, abber ohne Läpptopp, iPhone etc. Ich hatte schnell entdeckt, dat mein schulisches Interesse nach Deutsch un Sport so ziemlich am Ende wa un ich die andern Fächer notgedrungen so leidlich

„hinbekommen" hab. Trotzdem bekam ich an ein Weihnachten (ich wa ungefähr acht Jahre alt) mein größten Wunsch erfüllt: Ne komplette Fußballausrüstung mit Trikko, Hose, Stuzzen, Fußballschuhe mit Stahlkappe un genagelten Lederstollen un als Krönung en richtigen Lederball (bis dahin haben wir mit irgendwelchen ballartigen, nich immer ganz runden Gegenständen, wo man irgendwie gegen treten konnte, gespielt). Da wa de Ball ne Sensazion. Direkt nach de Bescherung an Heilichabend bin ich dann in voller Montuur mit ihm (dem Ball) auffe Straße (zum Glück laach an den Weihnachten kein Schnee un et wa au nich so kalt). Durch die „benagelten" Lederstollen, die auf dem Straßenasphalt en ganz schönen Krach machten, wurden die Nachbarblagen von unserm Häuserblock schnell aufmerksam. Da um diese Zeit wenich bis ga kein Verkehr herrschte, pöhlten wir schon bald die Straße rauf un runter. Dat ging natürlich nich ganz lautlos von statten. Einige Erwachsene meinten dann, nachdem au noch ne Fensterscheibe zu Bruch ging, dat wir doch lieber widder in unsere Wohnungen gehen sollten oder gleich aum Bolzplatz, zumal ja auch noch an Heilichabend.

Meine Freude wa abber nur kurzzeitich getrübt, denn mein Vatter hatte noch ne große Überraschung für mich. Nach der Erfüllung meines größten Wunsches eröffnete er mir, datte mich im neuen Jahr in ein Verein anmelden wollte. Et waren die schönsten Weihnachten bis heute.

Un tatsächlich, Anfang 1957, mit acht Jahren, kam ich dann in ein richtigen Fußballverein: Grün-Weiß Wuppertal, D1. Heute gibt et noch mehr Jugendmannschaften, E- un F-Jugend un dann noch Bambinis. Jedenfalls erinner ich mich noch dadran, dat die Leute der Seniorenmannschaften, so zwischen 25 un 35, teilweise älter aussahen als heute die über 60jährigen, wat meiner Meinung nach au an den Adolf-Hitler-Gedächtnishaarschnitten laach. Abber die meisten Kinder un später Jugendliche sahen dafür damals jünger aus als heute, da diese körperlich erheblich stabiler un größer sind als wir et früher waren (die Mädels übrigens auch, liecht wohl möglicher Weise au viel am Essen un wenich Bewegung).

Inne 50er Jahre kamen dann die Wildwest-Filme mit Fuzzy Jones inne Kinnos. Dat bekannteste Kinno in Langerfeld wa dat „Roxy", wo denn au diese Filme gezeicht wurden. Et wurden meine ersten Kinnoerfahrungen. Die Filme waren in schwarz-weiß un dauerten nur ca. 60 bis 70 Minuten. De Eintritt betruuch 50 Pfennich (damals mein Taschengeld für ne Woche). Dat Kinno wa am Wochenende jedenfalls immer brechend voll un die ersten Reihen waren im wahrsten Sinne des Wortes zum Mitkämpfen, denn während der Vorführung wurde sich schon heftig gekloppt. Diese Vollpfosten trafen sich dann naher au draußen widder, wo man sich lustich weiter auffe Moppe haute, un dat grundsätzlich na jeder Vorführung. Un keiner wusste naher mehr warum. Im Gegensatz zu heute, wa abber Schluss wenn einer auffe Erde laach un aufgab.

1955 wurde ich dann endlich eingeschult, inne Hügelstraße, un, bis zu meiner Schul-Entlassung waren die Erfahrungen mit dem anderen Geschlecht eher von bescheidener Natur. Et waren die üblichen pubertären Annäherungen, die wohl mehr oder weniger jeder in mein Alter durchmachte. Anfang der 60er waren für die meisten normalen Jungs die aufkommenden Miniröcke der Mädels natürlich eine Sensazion. Für einige Mädels abber auch eine mittlere Katastrophe, wenn ihre Figur nicht den Minirockansprüchen entsprach. Heute sind wohl die meisten Mädels froh, dat diese Mode nich mehr aptudät is (wahrscheinlich, weil et heute an jede Ecke ne Pizzeria gibt).

Als wenn untenrum wat fehlte.

Abber auch andere Dinge waren (wenn auch nich für alle Jugendlichen damals) von Bedeutung. Ich möchte von hier ab nur noch die aller-

Mein erster Schulgang

wichtigsten Begebenheiten dieser Zeit weitergeben, denn wen interessiert z.B. schon Boxen oder Fußball, geschweige denn die erste Mondlandung.

... un so ginget dann weiter ...

Fangen wir mit meiner Schulentlassung (1963) an. Mit 14 Jahren musste man sich entscheiden, welchen Beruf man denn wohl später ma ausüben wolle. Damals gab et zum Glück ne Berufsberatung un für jeden Beruf abber auch noch genügend Lehrstellen. Meine damaligen (einzigen) Lieblingsfächer waren, warum auch immer, Spocht un Deutsch. Da ich, wie gesacht, en handwerklichen Pflegefall wa (nachdem mein Vatter, als ich ihm widder ma zur Hand gehen wollte, zum widderholten Mal zu mir sachte „komm Jong, lott dat sinn, dat kasse sowieso nich), hab ich beschlossen, von da an jegliche Gegenstände, die auch nur im Entferntesten so aussahen wie Werkzeuch, völlich zu ignorieren un mich au beruflich damit nich zu befassen. Da man damals (im Gegensatz zu heute) leider mit Spocht noch keine Kohle verdienen konnte, meinte der Berufsberater, dat ich doch im grafischen Gewerbe anheuern sollte. Völlich unwissend, entschied ich mich für den Beruf des Schriftsetzers. Die waren damals sehr angesehen un sollten angeblich au gutes Geld verdienen. Kurz drauf bekamen meine Eltern ne neue Wohnung inne Erichstraße/Ecke Friedrich-Engels-Allee im Haus von de früheren Bäckerei Pollmann. Dat wa ne städtische Wohnung, kostete für uns nur de halbe Miete un Strom. Entscheidend wa abber auch de Größe. Vier Zimmer, Küche, Diele, Bad, Klo extra, en Abstellraum un en eigenen Keller. Unfassba. Da meine Omma, se lebte allein in Oberbarmen, im fünften Stock ohne Aufzuch, nich mehr so gut auffe Beine wa, entschlossen sich meine Eltern, de Omma zu sich zu nehmen. Vorteil: Miete für se gespart un Rente kassiert. Nachteil: Mein Bruder un ich mussten uns en Zimmer teilen, wat abber nich von langer Dauer wa, denn de

Omma seechnete leider doch schnell dat Zeitliche. Getz hatte ich also die Schule hinter mir (dachte ich), en eigenes Zimmer, nach einem damals üblichen Einführungslehrgang, auch eine Lehrstelle inne Druckerei Ewald Klüsener (ne Holzbaracke gegenüber vom Finanzamt), also von zu Hause nur eine Stazion mitte Straßenbahn, abber um zu mein Fußballplatz im Höfen zu kommen, brauchte ich getz fast ne Stunde. Dat selbe widder zurück mit dem ganzen Gerödel. Is mir auch manchma ganz schön aum Keks gegangen.

Mit de Lehre begann natürlich au die Zeit inne Berufsschule im Werth. Die Berufe der „schwarzen Kunst" im grafischen Gewerbe waren damals in zwei Klassen aufgeteilt: Die Buchdrucker bei Herrn Mikolajek (de angeblich ma geboxt hatte) un die Schriftsetzer bei Herrn Schauff, den wir immer den „schönen Eduard" nannten. Er hatte Ähnlichkeit mit Clark Gable, nur in silbergrau (ca. 20 Jahre später bekam ich en Lehrling, 17 Jahre alt, zwei Meter groß, lang, hoch, mit schulterlangen schwarzen Haaren, de Enkel vom Schauff, de dann den Mythos „vom schönen Eduard" zerstörte, denn sein Oppa hieß ganz schlicht un einfach „Ernst"). Ich kann mich noch dadran erinnern, wie dieser Lehrer uns ma, unterstützt von Gesten, zu erklären versuchte, wie man am schnellsten un ohne Schnörkel en Buchstabe in en Winkelhaken zu transportieren hätte. Muss man erlebt haben, unvergesslich.

In unserer Klasse waren also de meisten 14–15 Jahre alt, abber auch en paar „Intellektuelle" mit Mittlerer Reife. Die waren teilweise fünf bis sechs Jahre älter als wir „Bönsels" un durften inne Öffentlichkeit rauchen. Diese Jungs wollten fast ausnahmslos Grafiker werden. Einer davon war en gewisser Wolfgang Petzold (die Schreibweise der Namen könnte evtl. leicht vom Original abweichen, da dat Ganze ja schon mittlerweile über 50 Jahre her is). De truuch immer Jeans, en grünen Parka un hatte damals schon en Auto (en alten VW-Käfer 1200 mit 30 PS, glaub ich).

Da dieser Mensch bei de Druckerei Schmidtmann (Oberdörnen) inne Lehre ging, diese Firma (da hab ich auch meine Zwischenprüfung gemacht) war in unmittelbarer Nähe zu meiner Lehrfirma (Unterdörnen), nahm he mich (wir mussten nach dem Unterricht, je nach Uhrzeit, widder auffe Arbeit) in seinem Auto mit. Wir fuhren dann durch den Werth (durfte man damals noch). Da kam he auf die Idee, ich solle doch ma lenken, er müsse sich en Kaseifken (Zigarette) anstecken. Erstens, in Anbetracht der Tatsache, dat in mein privaten Umfeld keiner en Auto besaß, ich also weder neben, geschweige denn hinter ein Steuer gesessen hatte, war dat schon ne gewaachte Sache, weil he zweitens keine Zigarette aus de Schachtel holte um se sich dann anzustecken, sondern anfing, in aller Gemütsruhe en Päcksken Drum (Tabak) un Blättchen ausse Tasche kramte un sich ers ma eine drehte. Dat allet wäre bei dem heutigen Verkehr ga nich möchlich gewesen. Abber et ging alles gut, un wir kamen dann auch heile in unsere Firma an.

En anderen Klassenkamerad war Ronald M. Hahn. De wohnte schon länger am Loh (Ecke Oskarstraße/Friedrich-Engels-Allee). Die meisten Unterbarmer Jungs trafen sich im Keller anne Adlerbrücke, Mädels waren (leider?) nich erlaubt, hatte abber den Vorteil, dat man sich nich wegen dieser Spezies, wie et so üblich war/is, streiten konnte/musste (ich sach immer, in ein Film isset solange friedlich bis Frauen mitspielen abber et is au langweilich). Also, in dem Keller, de anfangs von Heinz Bertold geleitet wurde (ein gewisser Uwe Rotter, den ich später au noch kennenlernen sollte, sachte immer Bäcker zu ihm), konnte man sich so richtich austoben un seinen Neigungen nachgehen, wenn man mindestens 14 Jahre alt wa. Man konnte kickern, Indiaca, Tischtennis, Karten, Lochbillard usw. spielen. Et gab soga Tuniere. Zu dieser Zeit kam dann so langsam ne musikalisch un haartechnisch revolutionäre Welt auf. De Beat war geboren (zu Hause kannte ich nur die Musik von mein Vatter, Capri Fischer von Rudi Schuricke, Operettenklänge von Franz Lehar oder von Ronny „Es hängt ein Pferdehalfter an der Wand". De hatte nämlich die Kohle für eine Plattentruhe un konnte sich auch dementsprechend Schellackplatten leisten) un mit der wohl bekanntesten Band aller Zeiten, den Beatles, veränderte sich eigentlich für viele Jugendliche ihr rationales Denken un prägte für die meisten auch ihr späteres Leben.

Schellackplatte mit 78 Umdrehungen.

Die Frisur der Beatles war anfangs eine Revolution. Heute könnte man sie fast als Kurzhaarschnitt bezeichnen. Um abber damals die Haarlänge der Beatles zu erreichen, hatte man so manchen Kampf mit einigen konservativen Erwachsenen auszutragen. Mein Vatter meinte: „Die sehen alle aus wie Mädchen." Mein Lehrmeister sachte: „Deck hängen jo de Hoor inne Augen, do können get jo ga nix senn" (he sprach ausschließlich platt). Ähnlich argumentierte auch unser Trainer. Un die meisten „Erwachsenen" nannten die Musik damals auch „Negermusik".

Da schlug eines Tages ein gewisser ellenlanger schlaksiger Mensch in diesem Keller auf. Horst Hinrichs, genannt Hinner. Meiner Meinung nach einer der größten (hatte nich nur wat mit seiner Körperlänge zu tun) Beatles-Fans aller Zeiten. Wenn eine neue Single der Beatles aum Markt war, Hinner brachte sie in kürzester Zeit mit im Keller un dieses Lied wurde auf ein eigenen Plattenspieler so lange aufgeleecht, bis ne neue Platte von der Band rauskam. Irgendwann wurden dann auch erste (nicht von Platte) musikalische Klänge in den Kellerräumen hörbar. Abber dat waren nicht die üblichen Geräusche von ein Klavier oder ner Wandergitarre, die man bis dahin kannte, sondern Laute von elektrischen Gitarren. Hier beginnt die Geschichte mit Ronald Hahn un Uwe Rotter. Die beiden hatten, nachdem diese Klänge in ihren Ohren ertönten, die Idee, eine eigene Band zu gründen. Problem: Et fehlten Instrumente un Leute, die diese auch einigermaßen bedienen konnten. Ronald hatte kein Instrument, war (wie ich) nach eigener Aussage auch völlich talentfrei, ein solches zu bedienen, meinte abber singen zu können. Uwe meinte ein Talent am Schlachzeuch zu sein, hatte abber keins, geschweige denn die Kohle sich eins zu kaufen. Getz kam ich im Spiel. Wie schomma gesacht, hatte mein Vatter en komplettes Schlachzeuch in unserm Keller stehn, wat he nur noch in dem Glauben besaß, ich würde eines Tages seine „Musikkarriere" weiterführen. Ich hatte dann die Idee, Uwe könnte dieses Gerät eigentlich gut gebrauchen. Problem: mein Vatter durfte abber davon nix erfahren, un so machte ich ihm klar, dat ich mich damit versuchen wolle. Darauf hin schafften wir alles in den Keller Unterbarmen un Uwe war ersma glücklich damit.

Hier möchte ich einmal die Gelegenheit ergreifen um klarzustellen (Insiderinfo!): Mein Vatter war nie in ein Karnevalsverein! Dat Schlachzeuch wa keine Schießbude. Denn, bis Uwe Rotter seinem alten Herrn en neues „Gerät" ausse Tasche geleiert hatte, spielte er ne ganze Zeit mit mein Vatter seins, un ohne dat hätte seine „musikalische Karriere" vielleicht en ganz anderen Verlauf genommen! Die beiden (Ronald un Uwe) gründeten dann mit anderen Jungs ne Band un konnten dank dem Keller auch kräftich üben. Irgendwann waren „The Snobs" geboren un spielten auch in verschiedenen Clubs. Teilweise bin ich mit den Jungs mitgezogen um (anfangs) auf „mein" Schlachzeuch aufzupassen. Auftritte in Schee, im Haus Quellenburg (am Arsch der Welt, wir waren gefühlte Stunden mit dem Bus dahin unterwechs un mussten ja au no widder zurück), bei Anni Röseler usw. Schnell hatte ich festgestellt, dat die „Kanins oder Weiber" (so nannte man die Mädels auch schon früher) sich meistens heftich zu den Bandmitgliedern hingezogen fühlten (sog. Groupies). Wir „normalen" Jungs hatten nur ne Chance, wenn die Band mit ihren Freundinnen auftauchte un man ne einigermaßen Matte (lange

Haare) hatte (ich kann mich erinnern, dat wir uns damals ma extra Beatles-Perücken gekauft haben, sah aber mit de Zeit Scheiße aus). An einem Wochenende waren wir dann bei Anni Röseler. In Sachen Mädels wa ich zu diesem Zeitpunkt (15/16 Jahre) teilweise wohl noch etwas naiv un unerfahren. An diesem Abend hab ich mir zum Tanzen dann en Mädel ausgekuckt, welches mir wohl gefiel. Als ich sie zum Tanzen aufforderte (ein kurzes Nicken wa dafür so üblich), erhob sich de Typ neben ihr (den ich vorher ga nich gesehen oder völlig ignoriert hatte), stellte sich vor mich un meinte: „Äh, juckt dich die Fresse? Komm wir gehen raus." In dem Moment schoss mir in Sekundenschnelle einiges durch den Kopp, denn de Hirte vor mir hatte gefühlt die Größe von einem Grizzly un sah mit seinen schulterlangen Haaren aus wie Samson (nich de ausse Sesamstraße). In Anbetracht meiner damals knapp 62 Kilo (ich wa nie de Stärkste abber immer einer der Schnellsten), schlug meine anfängliche Gegenwehr schnell in Vernunftdenken um un ich murmelte eine Entschuldigung (ich wusste ja nich, dat dat sein Mädel wa). Is dann abber allet nomma gut gegangen. Danach hab ich, bevor ich en Kanin angesprochen hab, immer ers versucht rauszufinden, ob et ohne Macker da wa.

Vor de Musikbox inne „Loher Ampel". Damals sehr angesagt: En schwarzen Bläser, Hose mit Schlach un Falte un spitze Schuhe.

Zu dieser Zeit trafen wir, Uwe Rotter, Ronald Hahn, später kamen noch Rolf R. (Name is der Red. bekannt) un Wolfgang Trompka, genannt Trommel, uns auch schomma in „normalen" Lokalitäten, wo man dat mit dem Alter nich so genau nahm. Dat wa „im Griechen" un inne „Loher Ampel". Hier durften wir rauchen un hingen mit dem anderen Geschlecht mehr oder weniger sinnlos rum. Ich erinner mich an ein Abend inne Loher Ampel, et fing schon langsam am dämmern, da sah ich durch dat Fenster, wie draußen zwei Mädels mit en dunkelhäutigen Mann vorbei gingen. Mit dem einen Mädel war ich gerade seit kurzem zusammen (dachte ich). Ich raus, die anderen hinterher. Zufällig wa auch Ronnies Vatter mit dabei un fraachte mich, ob he den Jungen verkloppen sollte. Ich beruhichte ihn un sprach ersma mit meine „Freundin". Et stellte sich dann raus, dat die drei in ein Verein waren. Dat waren allet Rollkunstläufer! Ich hab mich mit dem Mädel dann aus Zeitgründen au nich mehr getroffen. Irgendwann kam ich dann mit eine „Ablegerin" von Ronald zusammen, Hildegard (den Nachnamen hab ich leider vergessen). Wir hingen ma widder alle zusammen inne Loher Ampel ab, Ronnie mit seine spätere Frau Karin, ich mitte Hildegard. Da meinte Uwe zu mir, er wär mit em Mädel verabredet. Die würde noch ne Freundin mitbringen un ob ich nich mitkommen könnte, um diese zu übernehmen. Abber, wie sollte ich dat meine Hilde klamachen? Da ich außer Fußball noch Tischtennis spielte, kamen wir auf die Idee, dat Uwe un ich noch für en Turnier trainieren müssten un in spätestens zwei Stunden widder da wären (die Mädels wussten nich, dat de Uwe eigentlich en spochtlichen Flegefall wa). Wir also los in Kothen, wo wir die zwei dann au trafen. Uwe sein Schuss wa ja noch ganz passabel, abber deren Freundin konnte genauso gut vonne Geisterbahn entlaufen sein, un ich fand schnell raus, die wa au no dumm wie en Stücksken Brot. Uwe machte sich dann mit seine Perle schnell vom Acker un ich dachte angestrengt nach, wie ich „meine" Olle wohl schnellstens widder loswerden könnte. Ich täuschte en plötzliches Unwohlsein vor un brachte se bis zum Polizeipräsidium, wo ich se entschuldigend in eine Straßenbahn Richtung Elberfeld setzte. Es war eine Erlösung un ich lief dann schnell widder zu meine Hildegard, die ich an diesem Abend zu Fuß bis nach Hause inne Obere Sehlhofstraße brachte. Leider zog sie, nachdem sie ihre Lehre in einem Musikhaus in Wuppertal beendet hatte, widder zurück zu ihren Eltern. Die wohnten in einem „idyllischen" winzigen Ort, de sich Breitengüßbach nannte. Dat is inne Nähe von Bamberg. Nach einigen Briefen hin un her, machte ich mich eines freitachs (ich durfte inne Firma eher Schuss machen) mit en Zuch auf den Weech dahin. Irgendwann, nach einigen Umsteigeaktionen, kam ich dann auch in Bamberg an, wo sie mich mit ihren Eltern (die waren übrigens Spitze) abholte. Wir fuhren dann über de Dörfer bis in dieset Kaff. An diesem Abend war et zu spät, um noch wat unternehmen zu können. Die Eltern hatten abber en kleines Häusken mit en Gästezimmer (zusammen übernachten ging natürlich leider nich). Am nächsten Tach (Samstach) fuhren wir zur Besichtigung nach Bamberg, is bis heute meine Lieblingsstadt geblieben. Abends ging et abber in ne Scheune mit Kapelle, inne Nähe von dem Ocht. De Vatter hat uns dahin gefahren un au widder abgeholt.

*Dat wa dat StarClub-Leibchen.
Dat Mädel kenn ich leider
nich mehr.*

Ich hatte relativ lange Haare un truuch ne gelbe mit Blömkes bedeckte Hose, die wir (drei oder vier Leute) uns aus Gardinenstoff, von ein Schneider anne Gathe anfertigen ließen un ne schwarze Lackjacke (damals in). Darunter hatte ich ein weißes Leibchen mit dem StarClub-Aufdruck aus Hamburg an.

Da docht alles en bisken ländlich-sittlich wa, starrten die Leute mich an, als käm ich vom Mars. Leider musste ich am Sonntach widder zurück fahren, un die Beziehung is dann, wohl wegen der zu großen Entfernung, kurze Zeit später in die Brüche gegangen. Ca. zwei Jahre später kam sie mal mit ihrem Freund un ihrer Freundin (die für mich gedacht wa) un wollten mit mir ma in en richtigen Tanzschuppen gehen. Meine Eltern waren in Urlaub, ich hatte abber meine damalige Freundin da. Dat wa dann eigentlich en bissken schade für dat Mädel. Wir fuhren dann abber noch inne kleine Bandstraße zum Emmi Meis. Dat wa irgendwann (nach dem Wilhelmstübchen un Anni Röseler) meine Lieblingsdisko. Bis Anfang der 70er spielten hier auch immer ziemlich gute Bands.

1964 kamen dann zwei schwedische „Skandalfilme" (Das Schweigen un 491) in unsere Kinnos. Die waren beide sehr umstritten in s/w, FSK ab 18. In manchen Ländern sogar verboten, lösten sie ne große Zensurdebatte aus. Ich hab beide Filme gesehen, abber nur weil ich dat „Mädel" anne Kasse kannte, denn ich wa grade ma 15einhalb. Heute könnten diese Filme auch im Vorabendprogramm gezeicht werden. Zu dieser Zeit wa ich meistens mit Rolf R. zusammen (de hat damals dat Gymnasium Siegesstraße vorzeitich geschmissen, seine Lehre als Chemiker abgebrochen un wie wir später erfuhren, drei Ehen mit di-

Kinoplakat 491.

Das Schweigen.

versen Kindern hinter sich gebracht, war Studiendirektor un saß als stellvertretender Parteivorsitzender der Grünen im Rat einer Stadt in NRW). Dem sein Vatter war Kriminalhauptmeister un wohnte inne Wittensteinstraße direkt gegenüber dem „neuen" Keller, de 1966/67 als „Haus der offenen Tür" eröffnet wurde. Dat wa abber nich mehr „unser Keller" un ich ging nur noch dahin um en bisskken Spocht zu machen (Tischtennis un Gewichtheben mit Bernhard Walter). In den Jahren 1965/66 bin ich viel mit Rolf umme Häuser gezogen. Anfangs noch in dat Wilhelmstüchen, abber auch teilweise na Düsseldorf. Zu den Höhepunkten in diesen Jahren gehörten die Beatfestivals inne Stadthalle, welche vom Musikhaus Wessely organisiert wurden. Verschiedene Bands u.a. The Snobs, The Formers, The Bluestars, The Beatkids, The Lonestars, The Lonely's usw. Die Gewinner wurden dann vom Publikum gewählt. Später sind wir dann regelmäßich zum Emmi Meis gefahren, wo wir au viele Mädels kennen lernten. Einma hatte de Rolf en Schuss am Stacht mit pechschwatten langen Haare un en Minirock, de heute au gut als Gürtel durchgehen würde. Die hatte ne Freundin, die für mich vorgesehen war. Wir gingen dann zu den Eltern von Rolf seine Ische. Die wohnte am Grünewalder Berch. Nach kurzer Begrüßung von den Vatter, gingen wir in dat Zimmer von der Schwatten. Da mir abber dat Radiesken, wat für mich vorgesehen wa, überhaupt nich zusachte, bin ich dann zu den Vatter in Wohnzimmer gegangen. Et war Samstach un et lief grade de Spochtschau. Ich sollten mich auch hinsetzen, krichte en Fläschken Wicküler Expocht ohne Glas un wir kuckten Fußball. Die Bundesliga wa damals noch wat ganz besonderes. Sein Verein war Schalke 04 oder Dochtmund (is au egal). Irgendwann sachten he auf einmal zu mir: „Kuck dich die Aaschlöcher ma an, wat die für 'ne Scheiße spielen." Schnell hatte ich den Entschluss gefasst, mich irgendwie vom Acker machen zu müssen, denn sein Alkoholspiegel war schon ziemlich hoch, un die „Bude" vollkommen verqualmt. Nach einiger Zeit hatte Rolfs Mädel genuch von ihm un plötzlich war ich mit der zusammen. Abber nur ganz kurz, denn ich musste ma widder zum Frisör. Wie sich dann herausstellte, stand die Tussi nur auf Langhaarige, deshalb wa dat auch mit uns so schnell vorbei. Zu dieser Zeit waren auch Feten groß angesacht. Dat ging abber nur, wenn die Eltern von demjenigen, de sowat veranstalten wollte, nich da waren. Auf einer dieser Feten (et ging natürlich dabei nur um Mädels un Alkohol, wobei wir in diesem Alter von beiden noch nich sonne große Ahnung hatten) gab et unter anderem auch „Bols Blue Curacao" zu Trinken. Dat wurde, weil lecker süffich un „nur" 21 Umdrehungen hatte, an dem Abend Rolfs Lieblingsgetränk. Ich probierte au ma, wa mir abber zu süß. Da Rolf meinte (wie erwähnt, unerfahren), zwischendurch au noch verschiedene andere alkoholische Getränke zu sich nehmen zu müssen, wa he logischer Weise in kurzer Zeit „hackenvoll" un die Flasche Bols leer. Zur Toilette musste man übern Flur. Da Rolf nach einiger Zeit davon nich zurückkam, machte ich mir Sorgen. Ich ging Richtung Klo un da laach de Rolf in seine eigene „Breche" auffe Treppe un rührte sich nich mehr. (He hat abber alles überlebt). Ich besorchte mir dann en Feudel un en Eimer Wasser un machte die ganze Schweinerei wech. Ich glaub, sowatt kannze im nüchternen Zustand ga nich machen.

Mein größtes Erlebnis 1965 waren de Rolling Stones live inne Grugahalle in Essen. Mit dem Vatter von en Spochtkamerad

fuhren wir mit en Mercedes, de Mann wa Kohlenhändler inne Schwarzbach, die haben damals noch viel Schotter verdient. Obwohl ich mehr zu de Beatles tendierte, wa dieset Konzert trotzdem en Knaller. 1966 bin ich dann mit Rolf un Wolfgang Trompka, genannt Trommel, mit em Zuch na Holland zum Zelten gefahren. Ob na Katwijk oder Nordwijk weiß ich nich mehr, is au egal. Irgendwann kamen wir auf ein Zeltplatz an. Da Rolf un Trommel nach dem Grundsatz von Winston Churchill (der ein Jahr zuvor starb) „Spocht is Mocht" lebten, wussten sie au nich, dat genau in diesen Stunden dat Endspiel umme Fußball-Weltmeisterschaft zwischen England un Deutschland stattfand. Un wir waren ausgerechnet in Holland. Zum Glück gab et abber en großen Raum, wo man dat Spiel in Fernsehen kucken konnte. Ich natürlich hin, die zwei würden dat kleine Zelt schon allein aufbauen können, zumal ich davon sowieso absolut keine Ahnung hatte. Nu war ich in den riesigen Fernsehraum un merkte schnell, dat die Kääsköppe (heute kann ich die gut leiden) ausnahmslos mit den Engländern sympathisierten. Damals waren wir bei den meisten Holländer immer noch ziemlich unbeliebt. Kurzum, Deutschland verlor 2:4 nach Verlängerung, abber dafür war dat Zelt aufgebaut. Wir haben uns dann abber schnell widder aus Holland verabschiedet, denn am nächsten Tach wollten wir die Gegend erkunden. Weil wir wohl einem Ureinwohner im Weech standen (et gab damals schon Radwege in diesem Land, die wir natürlich nich schnell genuch erkannten) stiech dieser Vollhorst von sein Rad, beschimpfte uns als Nazischweine un wollte handgreiflich werden. Da getz au noch Verstärkung auftauchte, haben wir dann blitzartich entschieden, uns aussem Staub zu machen. Da wir noch ziemlich jung waren, haben wir die ganze Sache schnell verdrängt un uns lieber schöneren Dingen zugewandt, den Meisjes. Ich glaub, weil wir Deutsche waren, kam der Platzwacht in unser Zelt, hat zwei Mädels rausgeholt, die sich irgendwie in unserem Zelt verirrt hatten un meinte, dat wir getz eine Verwarnung von ihm bekommen würden. Zu allem Überfluss fing et au noch an zu reechnen. Da unser Zelt scheinba nich ganz so dicht wa wie et aussah un de Regen au am nächsten Tach noch anhielt, haben wir uns noch für ein oder zwei Tage in ne Pension eingemietet. Da dat Wetter sich nich ändern wollte un unsere finanzielle Lage au nich grade die beste wa, hatten wir von Holland au schon die Nase voll un sind dann schnell widder nach Hause gefahren.

Rolf un ich lernten dann fast gleichzeitig abber unabhängich vonnander beim Emmi Meis jeder en Mädel kennen (wie wir später erfuhren, wurde sie Rolfs erste Frau). Hier trennten sich dann langsam unsere Wege. Ich war dann fast ein Jahr mit Ulla M. (so hieß meine Freundin) zusammen. Da ich mich jetzt (mit knapp 18) spochtlich zu den Senioren zählen durfte, musste ich meine Zeit mehr un mehr meinen Hobbies, Fußball un Tischtennis „opfern". Ich traf dann im Keller inne Wittensteinstraße einen gewissen Bernhard Walter. Wir spielten da beide Tischtennis, versuchten uns in Gewichtheben un unsere Freizeit wa sehr knapp bemessen. Ulla wa dann damit wohl nich mehr so ganz einverstanden, un deshalb trennten wir uns in beiderseitigem Einvernehmen in aller Freundschaft.

... un weiter ...

Am Sonntach, dem 25. Februar 1968 vollzog sich dann mein Schicksal, an dem ich bis heute noch zu „knabbern" habe. Bernhard un ich gingen zum Wuppertaler Karnevalszuch (übrigens mein letzter). Wir stellten uns nichtsahnend genau vor die Gaststätte „Allee-Stübchen" inne Friedrich-Engels-Allee. Ich hatte schon en nettes Mädel im Auge, dat im Fenster von den Lokal

Meine Frau un ich 1970.

saß. Meine soziale Ader abber fragte sich: „Wat mach ich dann mit mein Kumpel?" Kurz drauf kam dann die Antwort. Genau gegenüber, auffe andere Straßenseite, stellten sich zwei junge Girls hin. Sofort hatten wir Augenkontakt aufgenommen, un nach einiger Zeit (bevor de Zuch kam) schlenderten wir ganz gelangweilt zu ihnen rübber um die damals schon überaus intelligente Frage zu stellen: „Seid ihr öfter hier?" Angesichts der Tatsache, dat Karneval nur einmal im Jahr stattfindet, war die Frage noch dämlicher. Abber so kamen wir doch noch im Gespräch. Um et kurz zu machen: Bernhard musste seine „Ette" bald heiraten un sie zogen nach Köln. Ich bin mit mein Mädel (damals 17 Jahre) bis heute noch zusammen, denn wir mussten 1971 au heiraten.

Im Oktober 1968 wurde ich dann nach Putlos, Ostsee (am Arsch der Welt) zu mein Wehrdienst eingezogen. Mit 19 konnte ich damals endlich über meinen Haarschnitt un die Länge selbs bestimmen. Aber bei den Sodaten hieß et dann widder: „Grenadier, morgen gehen wir dann sofocht zum Frisör un lassen uns da ma ne vernünftige Kurzhaar-Frisur machen. Da passt ja ga kein Stahlhelm drauf!"

Wat in dieser Zeit (Bundeswehr, Führerschein, neue Arbeitsstelle, Hochzeit, Geburt unserer Tochter usw.) bis heute alles geschah, is dann en Kapitel für sich ... vielleicht demnächst, später irgendwann ma.

Bis dahin

So sah mein Mädel damals mit 17 aus.

So sieht meine Frau heute (ca. 48 Jahre später) aus.

In Uniform mit passender Stahlhelm-Frisur.

Erhard Knorr

Geh' ma na'm Friseur!
Alsooo – ich weiß gar nicht, ob ich zu diesem Thema sehr viel beitragen kann ...

Vielleicht sollte ich's untertiteln:
Warum ich wurde, wie ich bin ...
– ein sehr persönlicher Rückblick!?

Wir waren – ab 1966 – eine 6-köpfige Familie und da konnten wir uns nicht viel „erlauben" – ICH konnte mir nicht einmal lange Haare leisten!

Nee – im Ernst (das ist, tatsächlich, mein 2. Vorname):

Vorgeschichte
Nachdem sich schon früh herausstellte, dass ich musikalisch wohl nicht ganz unbegabt bin, bekam ich etwa mit acht Jahren Klavierunterricht und habe zusätzlich angefangen zu singen.

Es gab da einen Knaben- und Männerchor (WUPPERTALER KURRENDE) – ich weiß nicht einmal mehr, wer mich da herangeführt hat, aber dieser mehrstimmige Gesang hat es mir irgendwie bzw. irgendwann angetan und nach der „Singschule", in die ich mit neun Jahren eintrat und hier eine gründliche Stimmausbildung erhielt, wurde ich dann im folgenden Jahr in den Chor (1. Sopran) aufgenommen.

1962

Nur – dann wurde ich vor die Wahl gestellt: entweder Klavier oder Kurrende, denn beides gleichzeitig war aufgrund der vorgenannten Familienkonstellation (damals noch 5-köpfig) finanziell nicht möglich.

Also habe ich mich, als mir im Vergleich das Etüden-Üben doch relativ stupide und trocken erschien, dann für's Singen in der Gemeinschaft entschieden.

Eine Entscheidung, die ich zu keiner Zeit bereut habe, waren doch hiermit auch verbunden unzählige öffentliche Konzerte, zahlreiche Konzertreisen, Rundfunk- und Schallplattenaufnahmen und nicht zuletzt sogar die Mitwirkung in 2 Opern.

Im zarten Alter von elf Jahren wurde mir dann aber wohl erstmals richtig bewusst, dass es da auch noch andere Musik gibt.

In den Sommerferien 1964 war ich bei Verwandten in Weißkirchen (bei Hanau in Hessen), die dort auf der KERP (Kirmes) einen Süßigkeiten- und Spielwaren-Wagen betrieben und da war ich naturgemäß den ganzen Tag mit „Musik-Berieselung" konfrontiert.

Nur – das waren eben nicht die Sänger/innen, die zu Hause meist aus dem Radio dudelten wie Rudi Schuricke, Fred Bertelmann, Gerhard Wendland, Freddy Quinn; sowie auch Lale Anderson, Nana Mouskouri, Lolita und wie die alle hießen – das klang alles irgendwie flotter, rhythmischer (heute bin ich geneigt zu sagen: nicht so „altbacken" wie vorher).

Im Rückblick weiß ich natürlich, dass das größtenteils Titel der aktuellen HIT-PARADE waren; dieser Begriff war mir aber damals noch nicht so geläufig.

Was mir auch auffiel – es waren nicht mehr nur fast ausschließlich Einzel-Interpret(inn)en und deutsche Texte, sondern hier gab es auch „Gruppen" (später lernte ich, dass man diese „Bands" nannte), die da Musik machten – manche allerdings nannten das Ganze auch einfach nur KRACH.

Mir gefiel's, wenngleich man (also: ich) die Texte nicht verstehen konnte – weil sie englisch waren, und diese Fremdsprache begann ich erst zwei Jahre später, im 6. Schuljahr, in der Volksschule zu lernen.

Auch, dass diese „neue" Musik Rock'n'Roll- und/oder Beat-Musik genannt wurde, war mir zunächst noch nicht so bewusst.

Allerdings gab es da eine dieser Bands, die sich irgendwie von den anderen unterschied bzw. abhob – die

1966

nannten sich BIETELS oder so und übten eine besondere Faszination auf mich aus, denn durch meine Singerei war ich ja nun einmal ein bisschen „vorbelastet" was Harmonien und mehrstimmigen Gesang anbelangte, und von daher hatte ich sofort ein Faible für gerade diese Band.

Im folgenden Jahr, bei einem Familien-Besuch im weiteren Bekanntenkreis, präsentierte uns (meiner Schwester und mir) die Tochter des Hauses, die etwa zwei Jahre älter war als wir, voller Stolz ihre neuesten Errungenschaften: nämlich zwei Langspielplatten von eben dieser Band (HELP und RUBBER SOUL), und damit war ich „angefixt".

Wiederum rund 1 ½ Jahre später, ich war mittlerweile etwa 13/14 Jahre jung, hatte ich die Gelegenheit, erstmals eine BEAT-BAND live zu erleben – die nannten sich „THE SNOBS" und damit war ich dann endgültig „infiziert".

Spätestens ab da reifte in mir der Wunsch, selbst auch später mal solche Musik machen zu wollen.

(siehe hierzu auch meinen Artikel im Buch UNTERBARMER BLAGEN) http://verlachsgruppeongerbarmerblagen.im-wuppertal.de/Index.html

Thema „Lange Haare"
Was natürlich damals, neben dem musikalischen Können, absolut faszinierend war und mich beeindruckte, waren die Frisuren, denn alle Mitglieder jeder Band hatten lange Haare – zumindest für die damaligen Verhältnisse, und das schrie ja geradezu danach, auch so 'ne Frisur haben zu wollen.

War's der Wunsch nach „Rebellion" – sich von den „normalen Leuten" mit ihrem Einheits-Fasson-Schnitt optisch abgrenzen zu wollen?

Jedenfalls wollte ich gerne auch so aussehen wie meine IDOLE und schließlich war deren Haarpracht doch auch in den meisten Fällen richtig gut gepflegt!?

Meine vorgenannte Lieblings-Band wurde THE BEATLES geschrieben, was ebenfalls englisch war – schließlich stammten die Burschen aus England, was mir aber auch anfangs ebenso unbekannt wie egal war. Allerdings hatten die auch einen prägnanten Beinamen (sie wurden nämlich „Pilzköpfe" genannt) und dieser kam, wie könnte es anders sein, aufgrund der Art ihrer Frisuren zustande.

In diesem Zusammenhang fällt mir noch eine Episode (besser – eine Jugendsünde) ein:

Auf dem Schulweg kam ich öfter an einem kleinen Krims-Krams-Lädchen vorbei, wo es auch die sogenannten „Abziehbilder" gab; diese Bildchen, die man erst in Wasser einlegte und sie dann auf den neuen Bestimmungsplatz schob, um sie danach, vorsichtig trockentupfend, zu fixieren. – Gibt es diese eigentlich heute auch noch? – Selbstverständlich gab's ebendort auch welche von den BEATLES, und eines Tages habe ich mich doch tatsächlich erdreistet (vielleicht war's auch so etwas wie eine „Mutprobe"?), mit sozusagen „angstgefüllter Hose" ein paar dieser Bildchen zu klauen ... – Sorry, Herr TRAPP!

Auch wenn die BEATLES als Gruppe nur etwa 10 Jahre Bestand hatten, so haben sie doch die Musikszene nachhaltig geprägt sowie hier mit ihrer Kreativität und Experimentier-Freudigkeit Meilensteine gesetzt.

Muss ich erst erwähnen, dass THE BEATLES – gerade auch aus vorgenannten Eindrücken – nach wie vor, und trotz vieler anderer guter Bands, für mich „die Größten" sind?

Wie gerne wäre ich ihnen damals auch „frisurentechnisch" nahe gekommen ...

So eine Frisur zu haben wie zum Beispiel John Lennon – das wär' doch COOL gewesen ... – Obwohl: war dieser Begriff damals eigentlich schon gebräuchlich?

Beat-Musik und lange Haare – das gehörte und passte aber doch irgendwie zusammen und auch als Ongerbarmer Blaach wollte ich hier nicht zurückstehen.

Meine ersten Frisör-Besuche hatte ich ja auch schon im vorgenannten Buch skizziert: Ein Kinder-Haarschnitt kostete, meiner Erinnerung nach, seinerzeit ab 50 Pfennige und als Jugendlicher habe ich dann 'nen Fasson-Schnitt für 2 Mark bekommen – ich hatte also immer einen „gepflegten" Kurzhaarschnitt.

Was ich aber (damals jedenfalls) überhaupt nicht verstehen konnte/wollte war, dass – immer in Verbindung mit langen (oder zumindest längeren) Haaren – der Begriff „Gammler" stets präsent war bzw. permanent gebraucht wurde.

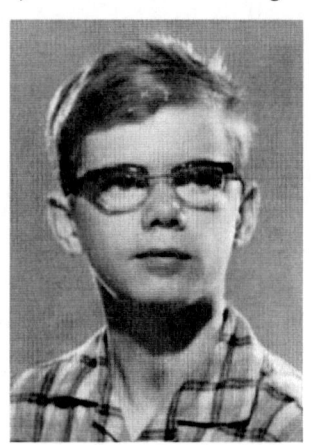

1968

War man denn deshalb direkt ein anderer Mensch, nur weil man längere Haare hatte und somit etwas anders aussah oder hatte das gar irgendeinen (schädlichen) Einfluss auf den Charakter?

Dauernd musste man sich anhören: „Geh' mal wieder zum Frisör." (Lass' dir endlich mal die Haare schneiden o. ä.) – „… oder willst du rumlaufen wie ein Gammler?" – „Nimm dir mal ein Beispiel an dem und dem!"

Auch während meiner Zeit als Blei-Stift (Schriftsetzer-Lehrling) habe ich das sicher etliche Male gehört und hier wurde dies zusätzlich immer noch damit bekräftigt: „… weil dir sonst beim Setzen immer die Haare im Gesicht (vor den Augen) hängen."

Zu Hause war, nach anfänglich zaghaften Versuchen und Bitten, dieses Thema schnell wieder vom Tisch: „Das kommt ja überhaupt nicht in Frage; das sieht ungepflegt aus; so läufst DU nicht rum!" etc., etc. – Für Einwände oder „Widerworte" gab's dann höchstens noch „was auf den Mund"!

Tja, werte Mutter, auch diese „Misshandlungen" (mit Schlägen, nicht nur mit Hand/Faust, warst du nur allzu oft und sehr schnell bei der Sache) kann ich mittlerweile thematisieren – ebenso, dass Vater mir einmal (nachdem ich dich schließlich eines Tages mal gestoppt, dir die Hände festgehalten und dich zurückgedrängt habe) angedroht hat: „Wenn du noch einmal die Hand gegen deine Mutter erhebst, dann hau' ich dich kaputt!" (weil dieses so „ungeheuerlich" war, kann ich's nach wie vor wörtlich wiedergeben – das hat sich Wort für Wort bei mir „eingebrannt" – seinerzeit war ich etwa 15 Jahre …) Unvergessen – nicht nur in diesem Zusammenhang – die Prügel, die ich von ihm bekam (Schläge mit dem Ledergürtel auf den nackten Hintern). Vater war seinerzeit die Woche über „auf Montage"; wenn er schließlich am Wochenende nach Hause kam und Mutter „gepetzt" hat, konnte er seinen Ärger dann an mir abreagieren – auch für Streiche und Verfehlungen meiner Geschwister musste ich nicht selten im wahrsten Sinne des Wortes „den Arsch hinhalten". R.I.D.

Erst Jahrzehnte später, im Rahmen meiner Alkoholiker-Langzeittherapie, wurde auch dies „aufgearbeitet" und mir gegenüber explizit als Kindesmisshandlung thematisiert – seitdem ist mir erst richtig bewusst, warum ich nie ein „richtiges" Selbstwertgefühl, sondern immer auch eine Art Minderwertigkeitsgefühl gehabt habe.

Auf diese Weise „klein gehalten" (oder soll ich sagen: derart vorbereitet und „gestärkt für's Leben"?) – immer auch begleitet mit Sprüchen wie: „Solange du deine Füße unter meinen Tisch stellst ..." und/oder „Über den Kopf kannst du mir wachsen, aber niemals über meine Hand!" etc. – habe ich als Kind und Jugendlicher nämlich nie wenigstens ein „Normalmaß" an Selbstbewusstsein (auch Durchsetzungsvermögen) entwickeln können – hatte demnach permanent auch Schwierigkeiten, mich zu behaupten, wo es ggf. nötig gewesen wäre – war also immer irgendwie „nur hinten dran" ...

An dieser Stelle geht ein ganz besonderer Dank an meine ehemalige Volksschul-Klassenlehrerin, „Frollein" Krefting, die mit ihrer strengen, aber auch liebevoll-besorgten Art (und vermutlich viiiel Geduld, denn ich war sicher nicht immer ein „pflegeleichter" Schüler) in den ersten sechs Schuljahren (in sämtlichen Fächern, außer „Werken"!) erst die Basis dafür geschaffen hat, dass ich mich vor allem schon immer vernünftig schriftlich artikulieren kann. Somit

Frollein Krefting

hat tatsächlich SIE mir alle wichtigen Grundlagen fürs Leben vermittelt! – Vielen Dank, liebe Marie-Luise!

Sicher hab' ich, eben als Kind/Jugendlicher und auch später noch, öfter mal den Kasper gegeben und hatte auch eine große Klappe, doch zurückblickend weiß ich, dass vieles davon nur als Ablenkung diente resp. dazu, meine eigene innere Zerrissenheit und Unsicherheit zu kompensieren.

Vor diesem Hintergrund war's mir eben auch lange und weitgehend nicht möglich, mich angemessen auszutauschen bzw. anderen mitzuteilen, wie's (wirklich) in mir aussieht! – Prinzip Clown: Immer „lustig/lebhaft", aber wie's drinnen aussieht, geht keinen was an und mit meinen eigenen Sorgen/Nöten wollte ich ja auch niemand anderen „belästigen".

Nicht zuletzt bei (m)einem absolut hässlichen Rosenkrieg und aufgrund unverschuldeter Langzeit-Arbeitslosigkeit (infolge betriebsbedingter Kündigung, welche auch mich seinerzeit ziemlich unverhofft traf) habe ich mir danach oftmals „selbst im Weg gestanden".

Deshalb eben: allen Frust in mich hineingefressen und „runtergeschluckt"; schließlich auch entsprechend „nachgespült" ... – als mir später bewusst wurde, dass mit meinen Trink-Gewohnheiten irgendetwas nicht stimmt, hatte ich eine gewisse Schwelle bereits längst überschritten.

Dann – vor acht Jahren eingestanden, dass ich Alkoholiker bin, habe ich in Langenberg eine 16-Wochen-Langzeit-Therapie gemacht (die beste Entscheidung, die ich treffen konnte) und bin jetzt seit April 2007 absolut trocken!

Somit hat mich also erst die vorgenannte Therapie in die Lage versetzt, mir ein gesundes Maß an Selbstwertgefühl sowie alles, was damit zusammenhängt, erarbeiten zu können.

Hierbei wurden mir, und dieses im wahrsten Sinne des Wortes, Augen und Seele geöffnet – es war mir erstmals möglich, die Fesseln der Vergangenheit (diesen verfluchten „Kokon") zu sprengen!!

Seit nunmehr acht Jahren erst kann ich demnach auch mit Schwierigkeiten „richtig umgehen" – habe sozusagen endlich meinen Platz im Leben gefunden!

Mittlerweile fällt mir vieles wesentlich leichter – mein Leben hat dadurch eine ganz andere (weil bessere) Qualität bekommen ...

Zurück zum Thema
Da ich (eben auch durch o. g. „Erziehung") nie ein „normales" Selbstbewusstsein entwickelt habe resp. entwickeln konnte, habe ich mich also auch nicht getraut, selbst gegen dieses „Gebot" aufzubegehren und/oder auszuprobieren, ob mir eine „Langhaarfrisur" oder zumindest etwas längere Haare stehen würden – so blieb mir immer nur der neidvolle Blick auf die anderen bzw. deren gepflegte lange Haare, auch als ich dann selbst anfing, als Schlagzeuger „richtige" (?) Musik zu machen.

1971

Im Zusammenhang mit der Bundeswehr wären „ggf. zu lange Haare" also auch nie ein Thema gewesen – wenn, ja – wenn DIE mich denn gewollt hätten; ich bin allerdings als „dauernd untauglich" (Lungen-Operation im Alter von 4 Jahren, nachdem ich beim Spielen einen Nagel „inhalierte"!) nach der Musterung direkt mit einem Ausmusterungs-Bescheid bedacht worden – vermutlich war denen das gesundheitliche Risiko dann doch zu hoch?

Verweigert hätte ich (mich) jedenfalls nicht.

Als ich dann mit 19 Jahren (also zwei Jahre, bevor ich die Volljährigkeit erreichte) zu Hause ausgezogen bin, war mir der ursprüngliche Wunsch irgendwie vergällt oder ganz einfach nicht mehr so wichtig, obwohl:

Eine Zeit lang habe ich dann doch auch mal versucht, meine Haare bis über die Ohren und im Nacken bis zum Kragen wachsen zu lassen ...

(Mein Vater hatte im Frühjahr 1971 auf dem Weg zur Arbeitsstelle in Ingelheim, auf der Autobahn bei Montabaur, einen fast tödlichen Autounfall und lag daraufhin monatelang in Krankenhäusern – sowohl er als auch meine Mutter hatten da sicher absolut anderes im Kopf als sich weiter um meinen bzw. meine Frisur zu kümmern. Da habe ich mich dann tatsächlich erdreistet, meine Haarlänge selbst zu bestimmen – das war dann wohl wirklich meinerseits ein Ausdruck von „Rebellion"!)

1972

… gefiel mir aber auf Dauer damit selbst nicht so richtig (der „Gewohnheitsanblick"?) – und daraufhin lief ich also nach einer gewissen Phase des Ausprobierens wieder mit einem „ganz normalen" Haarschnitt herum.

Fazit
Gelernt habe ich daraus aber immerhin: Man kann tatsächlich auch „mit ohne lange Haare" existieren und in Bands toffe Musik machen!

Zum Schluss möchte ich auch nochmal an unsere ehemalige Mit-Autorin – die leider viel zu früh verstorbene Monika Pouw-Arnold – erinnern, von der ich auch einen zum Thema passenden Bericht aus ihrer Schulzeit „entdeckt" habe:

… Rektor Krauß war sehr streng. Einmal rief er einen Jungen nach vorne.
Es waren gerade die Beatles und andere Gruppen mit natürlich langen Haaren modern …

Dem Jungen gingen die Haare auch schon etwas über die Ohren und in den Hemdenkragen.

Mit einer blitzartigen Bewegung versetzte Rektor Krauß dem Jungen solch eine Ohrfeige, dass der nach hinten taumelte. Sehr gemessen sagte der Rektor darauf:

„Heute noch wirst du zum Friseur gehen und morgen mit kurzen Haaren in die Schule kommen!" ...

Mehr Emilienstraße-Begebenheiten in meinem 2007 herausgekommen Buch „Verdarre no ens":

http://www.buecher.de/shop/nachkriegszeit/verdarre-no-ens/arnoldmonika/products_products/detail/prod_id/22914046/

F.P. Gunnar Kohleick

Siehs' aus wie'n Lude ...

Der Mann von Ommas Freundin aus Österreich, wobei de Omma ja auch da her war, saß im Rollstuhl, appe Beine vom Schmoken. Ich kriegte die Kurve nicht, wenne Vatter mal wieder sagte, „Du siehs' aus wie'n Loui(s)"! Der Arme mit den appen Beine hieß ja Louis, und ich seh' aus wie der?

Damit konnt' ich so mit 14 Jahren rum noch nix rechtes anfangen: „Siehs' aus wie'n ...!"

Die typischen Benamungen der 60er Jahre, wie z.B. in unserer musikalischen Unterhaltung die „Negomusik" oder beim Outfit die „Texashose" – als Pendant zur Manchesterhose, hatten etwas ziemlich verwirrendes für heutige Ohren. Backfisch als „dat toffe junge Weit", warum denn nur, verdammte Tat, Backfisch ..., unaufgeklärt, wie ich ma' nun war, konnt' ich auch nichts damit anfangen.

Ich nahm die Bezeichnungen für dies und das so an, man machte sich eben seinen Reim drauf – oder eben nich', war auch egal. Fragen wollt' ich keinen. Dat war eben so. Nur wat war mit dem ollen Louis, un' warum seh' ich so aus? Da wurd' was in den Raum gestellt und nix erklärt. Sogenanntes Hinterfragen war dann gleich widder „Widerworte geben" ... sollte dann bedeuten, ich darf nichts drauf sagen. Die Erziehung war noch, auch wenn die „Tollen Zeiten" schon fast 20 Jahre her waren, sehr drillmäßig: es gab die Order und man hatte zu gehorchen – ohne wenn und aber. Irgendwie musste ich dem Ollen dann doch

Haarschnitt 1956

eine Antwort schuldig gewesen sein, denn auf das obligatorische „Siehs' aus wie'n Lude oder Loui"', kam dann doch mal die Ansage: „Geh ma' zum Friseur".

Damit konnte ich etwas anfangen, das war dann mal ne klare Sache. Ich kannte aus der Kindheit die netten Warnungen a la Louis, wie „pass auf, du fälls'" was mich das eine oder andere mal dann auch tatsächlich zu Fall brachte. Du verbrenns' dich, hörte ich auch des öfteren, wenn ich am Herd vonne Omma, die mit dem Mann vonne Freundin mit den appen Beinen, zu nahe stand und die Gefahr war, meine kleinen Fingerchen auf die heiße Herdplatte des ollen gußeisernen Herdes zu legen. Die lieb gemeinten Warnungen sollten etwas verhindern, was zu verhindern galt, forderten aber sehr oft erst das Schicksal heraus. Drum schrie ich auch „Feuer", als mich das erste mal der elektrische Strom durchschlug. Keine Mutter, die da sagte: „Jung, pass auf, dich schlägt der Strom", als ich mit nassen Füßen in der Waschküche der Zeit einen Lichtdrehschalter aus Bakelit anfasste, der anscheinend nicht so ganz richtig angeschlossen oder geerdet war.

„Geh' ma' zum Friseur, siehs' aus wie'n Loui"', will ich dann doch noch mal betrachten, ich muss mir doch mal endlich 'nen Reim drauf machen. Wenn der arme Louis von Ommas Freundin so da in seinem Rollstuhl sitzt, mit den fehlenden Beinen, hätte das nicht die Beinlosigkeit verhindern können, wenn er häufiger zum Kapper gegangen wär? Da er aber immer da mit Hut saß, auch inne Wohnung, vermute ich, dass er eine Matte darunter verbarg und das meinte der Olle wohl als er seinen Spruch mir mal wieder wegen der 3 Millimeter ins Gesicht rief. Ich würd' also schon jetzt aussehen wie im Rollstuhl sitzend, mit Matte unter 'nem Hut. Hääh? Klar, Vatter meinte Lude oder Loui, Männer, die die schon im goldenen 3. Reich die Haare länger trugen. Männer, die nicht in das Bild der Arier und Herrenmenschen mit hochgeschorenem Kopf passten.

Die Matte war es aber, die ich als grad' gestarteter Jugendlicher mit 14 Lenzen und dünnem Haar, aus dem tollen Tal haben wollte. Matte war zwar noch nicht ein Begriff derzeit, aber eben wat' länger sollten die schon jetzt sein.

Ich kam aber aus dem wunderschönen Wuppertal und hatte die ersten Begegnungen mit fremden Sitten und Gebräuchen. Noch in der Schule veränderte sich das Bild, es kamen manche Zugereiste, auch Flüchtlinge genannt. Die trugen aber kaum mit eigenwilligen Riten und Gebräuchen zu einem neuen Kulturgebilde bei, waren sie doch nur etwas anders Deutsch sprechende Gesellen. Das Wohnumfeld der meisten am Ende mit „inski" heißenden, lag in alten Fabriken (das begehrte Loft hätte man damals fast geschenkt bekommen), was hinter den bröckelnden Fassaden an Gepflogenheiten herrschte, entzog sich meiner Kenntnis, ich vermute aber der Musikgeschmack lag nicht fern von dem der hier im Tal geborenen.

Ich wollte weg von den Rudolf Schock, Gerhard Wendland, Friedel Hensch mit den Cypris, auf zu neuen Tönen und Rhythmen, die hergelockt aus dem grausam gestörten Mittelwellenradio, gesendet von Radio Luxemburg, anmoderiert von Sprechern wie Tim (Frank) Elstner und Camillo Felgen. Kein Schimmer, wer da in der gespielten Musik sang oder wer die Gruppe auch immer war, es hörte sich verdammt anders an als Großmutters Schallplatte mit 78 Umdrehungen mit Rudi Schurickes „Heimat, deine Sterne". Mir war es völlig egal, wer da aus Luxemburg zu hören war, es war nur anders und baute einigermaßen eine eigene Welt, zumindest über das Hörzentrum im Kopp.

In und auf dem Kopf des 13-Jährigen sollte sich langsam etwas ändern. Die erste „Texashose" durfte ich mein Eigen nennen. Es stand langsam die Persönlichkeit, die Suche nach richtiger Identität auf dem Kalender. Der Oppa mit Haare – ich hatte ja noch den mit ohne – der mitte Omma aus Österreich verheiratet war, gab mir den Tipp mit der Kernseife von Luhns. Er hatte das wohl erfolgreich zu seiner Zeit praktiziert, „dann nimmß'e de Kernseife, wie wenn'e Hände wäschs', un' dann dat Seifenwasser auf'm Kopp verteilen, schöön mi'm Kamm die Haare in Form bringen und trocknen lassen!" Ich habe das eine ganze Zeit lang gemacht. Morgens die Seifenbrühe mit den Händen einmassiert, mi'm Kamm die Tolle geformt und trocknen lassen. Egal was für'n Wetter im Tal war, die Frisur saß meistens, bei Regen war das allerdings nicht so der Hit, dann schlug die Luhnskappe schon mal Blasen. Wenn's nicht pisste und alles schön getrocknet war, dann allerdings, dann schlief ich aber nachts wie auf 'nem Stein, die Frisur war wie aus Beton, so haltbar.

Gleichalte Knaben aus der Nachbarschaft hatten statt der Seifenränder an den Ohren und im Nacken, und wohl auch an'ne Stirne, glänzendes Haar und mehr in Strähnen geordnet. Deren Geheimnis war in der Tube, man erzählte mit Stolz in der Brust, man nehme „Brisk, Flott, Fit" oder so. Dies würde 'ne Woche

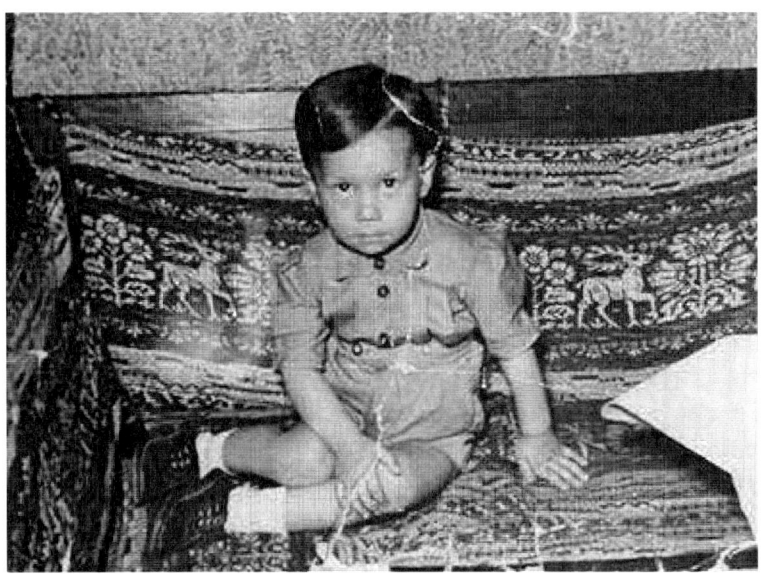

Haarschnitt 1952

mindestens, bei einmaliger Anwendung halten. Ich machte mich auch gleich mal kundig. In den einschlägigen Krämerläden meines Umfeldes gab's die Pomade tatsächlich im Angebot. Leider für meine Nullnummer an Taschengeld unerschwinglich. Mit 14 erhielt ich dann endlich Taschengeld, ganze drei Mark in der Woche. Die Tube war in Greifweite der Alu-Kammzinken.

Ich hatte doch so dünnes, eher feines Haar, der Strang aus der Tube klatschte leider die Härchen so dicht wieder an den Kopf, dass das mit der Seifenidee vom Oppa einfach besser kam. Nun ja, es ist noch kein Bill Haley vom Himmel gefallen, denn dessen Kopfschmuck lag so in meiner Machbarkeitsecke, er schien auch so dünnes Haar wie ich zu besitzen. Bill schien eher der Typ Europäer zu sein, mit feinem hellen Haar, nicht der indianische Typ, wie Aaron E. Presley. Ich experimentierte 'ne Zeit lang herum und stellte fest, dass mal wieder weniger mehr ist. Nun bei Oppas Haarpflegekonzept, brauchte man schon 'ne handvoll Seifenwasser, bei Brisk tat's sowas wie 'ne Erbse groß schon. Schön verteilen und dann mit dem Kamm, dauerte aber 'ne ganze Zeit, die Tolle zu drapieren.

Man muss sich vorstellen, dass meine Frisur zu dem Zeitpunkt und sicher aus dem Winkel der Gradlinigen mit Bildung der propagierten 1000 Jahre, durchaus annehmbar war. Hinten irgendwas zwischen Faconschnitt und dem grade aufkommenden Rundschnitt und vorne nach oben 'ne Welle und links ein Scheitel.

Nun noch die Texashose zum Ausgehen fertig zu machen, das war zum Wochenende nahezu elementar wichtig. Auch wenn's nur um das Herumstreifen zwischen Eisfabrik im Westen und Wasserstraße im Osten, sowie Rott im Norden und Kothen im Süden war.

Die Hose hielt beim Tragen nur wenige Tage ihre Form, dann war Badewanne angesagt. Die Tipps im Umgang mit dem Anpassen der Hose googelte ich im Internet ... nee, Scherz beiseite.

Brisk-Knäppken ca. 1963

Das erzählte man sich auf dem Spielplatz am Denkmal, einer der Treffpunkte der Abhänger auf Parkbänken (noch nicht der Abhängigen, das kam erst einige Jahre später). Die Hose, schön kräftig blau, wurde in heißem Wasser der Badewanne lang ausgebreitet. Mit Bimsstein, Wurzelbürste und Ata (wir sachten Atta, der Wuppertaler schluckt ja gerne an einigen Stellen in Wörtern das t, dafür werden da wo eins bleibt, gerne gleich mal mehrere gesprochen), wird das Beinkleid der Cowboys geschrubbt. Kräftig heiß spülen, solange der Geisoh (Geyser) seinen Job machte, nun in die Wanne steigen, Hose nass anziehen und nicht bücken bis sie getrocknet ist. Die wöchentliche Prozedur musste sein, denn die Hosen hatten die Angewohnheit, sich beim Tragen bis zum nächsten Wannentag um mindestens zwei Größen zu dehnen.

Mit dem sicher etwas schmierigen Öl-Plätzken konnte man sich nun endlich unter die Jungens begeben. Ich war einer der fein Riechenden om Kopp. Zu der Zeit begab es sich, dass ich den ebenfalls Texashose tragenden langen Hühä kennenlernte.

Hühä, eigentlich Wolfgang, wohnte unweit des Loh, in der Wartburgstraße, und war schon in der Lehre zum Autoschlosser bei Auto Kessler. Der Jung' erzählte mir von 'nem Jungensclub, da gäb's die angesagtesten Unterhaltungsspiele un' et würd' auch Musik gespielt, so 'was wie ich abends mit meinem Mittelwellenempfänger für 10 Mark hören könnte, nur dass es das auf Platte gäbe, einer würd' da den Plattenspieler bedienen, der auch ganz tolle Platten hätte.

Der Jugendclub befand sich in einem Kellergewölbe im Hause des CVJM – sprich „Christlicher Verein Junger Männer". Sexuell kaum aufgeklärt, hatte ich keinerlei Bedenken in diese Katakomben zu gehen, et war so, wie in den weiterführenden Schulen, die zumeist geschlechtsgetrennt waren. Grade so, kurz nach meinem 14. Geburtstag, schloß ich mich Hühä dann auch an, wir wollten Samstag mal dort hin. Ich bekam noch einen Tipp, zum Wochenende machte man sich feiner als unter der Woche in dem Keller. Es gab noch immer diese Sonntagsschuhe, die Sonntagsjacke, wie auch das „sonntachste" Hemd und die Sonntachshose. Fein ausgestattet, kurz kommentiert von seinem obligatorischen „hübschhässlich" was meine Klamotten betraf, stiefelten wir dann in Richtung Adlerbrücke. Direkt am Ausgang der Haltestelle zum Unterdörnen hin, lag die alte Villa mit dem besagten Keller. Seitlich am Gebäude war der Zugang, eine Eisentüre stand offen, ein paar Stufen trennten mich noch von der wohl schwerwiegendsten Kulturveränderung nach Radio Luxemburg und dem Musikunterricht bei Herrn Ritzenhöfer.

Es war so um die 16 Uhr, mit jedem Schritt nach unten kam mir die prägende Musik einer englischen Band aus Liverpool näher. Die Schallplatte kannte ich zwar schon von Radio Luxemburg, aber hier war alles klarer als die Scheiss Mittelwelle. Mein Gott, unser Englisch-Vokabular erstreckte sich auf nur wenige Wörter, in der Volksschule erhielten nur wenige Englischunterricht, aber das, was da mit mir passierte, bedurfte keiner sprachlichen Schulung Auserwählter, hier setzte sich ein Virus, den es nur in solchen Einrichtungen gab, in meinen Gehörgang. „She loves you, yea, yea, yea ..."

Der Keller als solcher, in satten Farbtönen gestrichene glatte Putzwände. Am Ende der Treppe ein Schalter mit einem dicklichen älteren Herren hinter einem Gitter, der auch gleich nach meinem Ausweis fragte. Ich war grade Lehrling und besaß noch keinen eigenen Personalausweis, konnte mich aber irgendwie ausweisen; Hühä, der schon häufiger hier war, bestätigte noch einmal mein Alter und ich durfte durchgehen. In verschiedenen Räumen des Kellers standen unterschiedliche Spielgeräte herum, deren Funktionen ich aus Erfahrung nicht kannte. Man nannte diese Tische Kicker, Flipper und auch ein Billard und ein Lochbillard, sowie Tischtennisplatten. Um die Geräte zu nutzen, musste man sich an dem Gitterschalter eintragen lassen und durfte dann eine Zeit lang spielen. Ich probierte die Geräte soweit aus, als Hühä auch mit oder gegen mich antrat.

Über dem Ballgeknalle im Kicker lag immer wieder neuere Musik aus 'nem Lautsprecher aus einem Winkel des Kellers, den ich noch nicht entdeckt hatte. Mir ist nicht gleich aufgefallen, dass sich gegenüber dem Schalter ein geöffnetes Eisengitter befand, aus der Ecke schallte diese toffe Musik.

So 'n Schlacks saß da an 'nem Plattenspieler und legte Singles auf. Weitere Jungens, allesamt

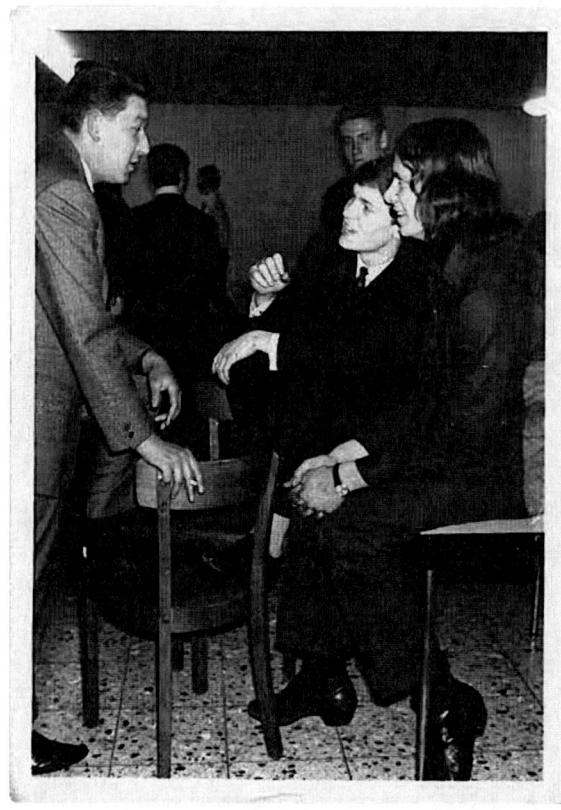

Im feinen Zwirn. Siggi Boroske links, rechts besagter Hinner mit Matte, an den Füßen die echten Beatlesstiefel

gut gekleidet, lehnten gelangweilt spielend an einem Bartresen, meist mit einer Zigarette zwischen dem Zeige- und Mittelfinger, an der sie hin und wieder mal zogen, tief einatmeten und in Ringen dann den blauen Qualm ihrer HB, Reval oder Styvesant gegen die Decke bliesen. Vor den Jungs auf dem Tresen standen Flaschen alle eines Herstellers, aber mit unterschiedlichen Geschmacksrichtungen. Canada Dry mal mit Orange oder Zitrone und auch eine Art Cola. Ich bestellte mir auch eine Cola, musste aber genau mein Budget im Blick behalten, mit 3 Mark in der Woche kann man sich nicht viel leisten.

Ich nuckelte lange an meiner Cola, sie sollte doch die ganze Zeit reichen, und lauschte der Schallplatte und dem Mitgesang einiger Jungs. Beeindruckend, die waren etwas älter und hatten anscheinend schon die Lieder drauf, auch wennet Lautsprache war, nich' etwa gelerntes Englisch. Zwischen den einzelnen Titeln unterhielt man sich über sogenannte „Kapellen", was die für Lieder herausgebracht haben und ob man schon die Schallplatte besitzen würde. Ich verstand so ziemlich Bahnhof, ich komme vom Loh, hab bis vor kurzem noch auf Spielplätzen inne Trümmer am Nachmittag gespielt, traf ab und an Klassenkameraden um irgend sonne Kinderkacke zu spielen oder Vögel abzuballern. Aber hier war 'ne andere Generation unterwegs, hier war man sehr viel anders. Beeindruckende Welt der Neuausrichtung.

Fortan führte mich die Lust auf die andere, neue, fremde Kultur immer häufiger zur Adlerbrücke. Unter der Woche war auch geöffnet, nach den acht Stunden mit zweifelhaft handwerklichem Engagement in der Lehrwerkstatt der Bundespost, Abteilung Fernmeldewesen, hatte ich noch reichlich mit Lernen und Berichtsheftschreiben zu tun. Diese nachmittaglichen Tätigkeiten, wie auch schon überhaupt diese Lehre zu machen, waren auf dem Mist des versorgungsorientierten Vaters gegründet: „Dann wirste Beamter, alles ist sicher und du bist auf'm rechten Pfad". Es sollte alles in sicheren Bahnen laufen, keine Experimente, mit vorgeplantem Weg bis hin zur Holzkiste in Eiche – am besten schon ausgesucht, weisses Kissen gefüllt mit Sägespänen und Hemd – hinten offen, wegen dem einfacheren Anziehen.

Ich verstand nicht die Haltung der Alten, meine Nachfragen wurden nicht beantwortet. Das 1.000-jährige Reich mit all seinem Schrecklichen, was den Menschen angetan wurde, wurde totgeschwiegen. Für mich war rasch erkennbar, welche Angst vor allem, was fremd und nicht verständlich war, die Ollen tagtäglich umgab, augenscheinlich mühte man sich auch nicht sonderlich um Überdenken der eigenen anerzogenen und gedrillten Haltung. Die Jahre im Krieg mit all dem Schrecken dienten nicht der Pflichterfüllung Menschen umzubringen, sondern nur des eigenen Überlebens. Muss ich denn wie alle anderen 'nen Faconschnitt der Angepassten Nationalen geschnitten bekommen, gab's denn nicht auch etwas Freiheit, sich selbst auszuprobieren?

Die Jungens im Keller schienen allesamt etwas freier in ihren persönlichen Entscheidungen zu sein, wusste ich doch nicht von den vergleichbaren Kämpfen um Toleranz bei denen zuhause. Ich sah nur die Optik, ihre Haare wurden länger, die neuen Klamotten drückten die neue Zugehörigkeit aus. Es bildeten sich mit dem gelebten Gedanken der freien Entscheidung neue Gruppierungen. Alles war möglich, nur kein Diktat mehr. Die einen standen auf Beatles, andere auf Stones, Kinks, Pretty Things. Es bildete sich eine softere Anhängerschaft, wie die der Beatlesanhänger mit den lyrischeren Botschaften in den Liedern, soweit diese Texte überhaupt verstanden und in sich richtig interpretiert werden konnten. Die härteren Anhänger schlugen sich schnell auf die Seite der Stones. Alle aber veränderten sich, lebten eine Rebellion. Es hat garnich' lange gedauert, wir hatten längst auch die optischen Veränderungen bei den Musikgruppen miterlebt. Ende der 50er waren deren Frisuren ähnlich der Rock 'n Roll-Interpreten aus den USA, gekämmte Schmalztolle, Krawatte und Anzug. Um die Erfinder der typischen Beatlesfrisur, des Pilzkopfs, ranken sich einige Mythen. Einerseits beansprucht die Erfindung die ehemalige Freundin von Stuart Sutcliff, dem ersten Bassisten der Beatles, andere behaupten, der Erfinder sei ihr Bekannter gewesen, der Fotograf Jürgen Vollmer, der selber diesen Kopp trug und diese Frisur dann Lennon und McCartney schnitt. Vollmer kam angeblich auf die Idee für sich, als er nach dem Schwimmen seine Haare mal nicht nach hinten kämmte und mit Brisk in Schach hielt, sondern diese einfach in die Stirn fallen ließ.

Die Erfindung des „Wischmopp", wie manche diese Frisur nannten, war fortan die Visualisierung des Rebellentums, getragen durch und in der Musikszene. Diesen Hintergrund kannte wohl kaum jemand der Unterbarmer Jungens, aber den Ausdruck und die damit verbundene Signalwirkung begriffen alle Jugendlichen weltweit.

So war es kein Wunder, dass sich diverse umorientierte Anhänger der Musik von der Insel ihr „Fit" zuhause, gegen einen gesägten Alukamm in der Fotttasche tauschten. Die Tuben Flit, Flott, Brisk und Co. hatten dennoch ihre Abnehmer. Eine neue Gruppen Kellerkinder auf Kreidler oder Herkules versuchten den amerikanischen Traum der Freiheit in Unterbarmen zu leben. Wenn sie am Keller vorfuhren, wurde noch im Sitzen auf dem Bock die vom Winde zerzauste Frisur mit dem Kamm durch die öligen Strähnen in Ordnung gebracht. Mit diesen Jungs hatten die von der Kirche und seinem Handlanger Heinz Berthold vereinnahmten Jungs nicht viel am Hut. Nicht einmal die Feuerstühle erzeugten bei denen rechtes Interesse.

Bis ich so um die 16 Jahre alt war, schlug auch ich noch die schmierige Welle vorne am Kopf über den schon damals höheren Haaransatz. Mittlerweile hatten einige Kellergänger bereits einen richtigen Putz – auch Matte genannt. Grade der Schlacks vom Plattenspieler hinten im „Knast" des Keller stach besonders heraus. Hinner wurde er genannt, hatte bei seiner enormen, mir so vorkommenden Körperlänge, das Haar schulterlang, aber gepflegt, leicht lockig.

Hinner schien sich zuhause durchzusetzen, was mir absolut nicht gelang. Ich trennte mich dann auch bald vom Fettgeschmiere und versuchte die Haare ins Gesicht hängen zu lassen. Zunächst hinten noch kurz, es dauerte einige Wochen, der Kragen bekam langsam Besuch von lange Zeit gefetteten Haarspitzen. Zuhause suchte ich Wege dies zu verstecken, kämmte die Haare hinten zu 'ner Entenfott, nur nicht auffallen. Vorne, zur Arbeit in der Lehrwerkstatt, kämmte ich das trockenen Haar noch nach hinten. Zum Feierabend versuchte ich dann alles nach unten zu kämmen ... sollten doch alle mein Zeichen verstehen, ich war nun auch ein Revoluzzer, ab der Haustüre. Wenn Mutter arbeitete, Vater Spätdienst hatte, konnte ich drauf ungehindert meiner grad auf den Kragen anstoßende Revoluzzermatte freies Spiel lassen. Hatte Vatter Frühdienst, und er sah mich, versuchte ich meinen Hals wie eine Schildkröte auszufahren.

Es ging nicht lange gut. Vater, ein besonders guter Späher von der Marine, hatte es längst bemerkt, „Jung, wie isset mal mit'm Frisör?". Ich versuchte Ausreden zu benutzen, irgendwie das ungeheuere Wachstum nicht von 'nem mittelbegabten Frisör mit Barrashintergrund unterbrechen zu lassen. Die umliegenden Frisöre kannte ich natürlich, in ziemlich regelmäßigen Abständen musste ich diese bis dato aufsuchen.

Geh ma' nahm Frisöör!

Was mir mit ermahnten Zahnarztbesuchen ziemlich gut gelang, war mit dem „Haarkopp" schlecht zu vertuschen. Mit sechs Jahren hatte ich das einschneidende Erlebnis mit unserem Hauszahnarzt, in seiner Trickserei wurde ich mit Lachgas sediert und mir alle restlichen Milchzähne gezogen. Die mussten weichen, ich sollte eine „Klammer" erhalten. Mit der Klammer durfte ich wöchentlich den bösen Mann im weißen Kittel alleine aufsuchen. Als alle zweiten Zähne da waren und ich auf die scheiß Klammer verzichten konnte, hatte ich dennoch die Order, alle paar Monate zur Kontrolle zu gehen. Dummerweise tauchte dann ab und an etwas zum Bohren auf. Das war schlimmer als alles andere. Oftmals erhielt ich nur erst eine provisorische Füllung und musste dann nochmal hin um die tolle Amalganfüllung zu bekommen. Die Frage „Warst du beim Zahnarzt?" beantwortet ich das eine oder andere Mal mit „ja, ja", unkenntlich der heutigen Bedeutung „leck mich am Arsch". Tagelang rettete ich mich mit dieser Antwort. „Mir ist die Plombe rausgefallenen", war auch eine Methode, ein unbehandeltes Loch zu erklären. Was mir wieder Zeit verschaffte. Der geniale Trick, Kaugummi so in das Loch zu setzten, dass es aussah wie eine Füllung, ist mir nur einmal gelungen, dazu musste das Loch schon eine bedrohliche Tiefe haben, die unbedingt behandelt werden musste.

    Die neuerliche Frage, gleich auch Aufforderung, „wie isset mal mit'm Frisör?", versuchte ich mit 16 Lenzen dann doch mal zu verhandeln. Mein Angebot war ein Rundschnitt, statt des gewünschten Faconschnitts. Vatter willigte ein, das war doch schon was, wie lang der sich dann möglicherweise rund auf dem Kragen ausbreitete, war noch meine Hintertüre. Ich ließ mir den Rundschnitt verpassen. Mit dem Frisör Lewer von der „Allee" versuchte ich auszuloten ob es nicht reicht, die Spitzen so zu schneiden, dass das Ergebnis rund aussah. Er machte mir zum Gefallen den Versuch. Im Umfeld der Familie, im Kontakt mit den Erziehungsberechtigten, trug vornehmlich kragenlose

Pullover, der Abstand zwischen Haarspitze im Nacken und Bekleidung war dann augenscheinlich größer. Für den Besuch im Keller gab es nur das Oberhemd, gerne aus Nyltest oder einem sonst schnell Gestank erzeugenden Stöffchen mit einem Rollkragenpulli darunter. Stolz wie Oskar betrat ich bald die Katakomben, mein Haar im Nacken hing deutlich über dem Rollkragen, der Revoluzzer bewegt sich im Keller-Klupp. Mir war egal, ob man es für ne Matte hielt, ich glaubte sie zu haben ...

Es sollte nicht lange gut gehen, dem Vatter schien der „Rundschnitt" doch noch zu lang zu sein. Mein erneuter Versuch „ich möchte die Haare lang haben" wischte er mit „die sind doch lang, jetzt muss aber was ab", aus dem Raum. Einige Tage konnte ich die Scheiße noch rauszögern, nun fing Mutter schon an, „geh mal zum Frisör!" Lewer sah mich wieder, „bitte nur unten hinten die Spitzen ab", bat ich ihn, „oben alles dran lassen". Der Kopp wurde zusehends dicker von den Haaren, aber die Matte nach unten nicht. „Solange du die Beine unter unsern Tisch stells' ...", war dann die mindestens einmal monatliche Ansage wieder zum Frisör gehen zu müssen.

Endlich 18, noch in der Lehre, hatte ich die Nase voll. Ich war beileibe kein Schisser, aber irgendwann musste doch mal was passieren. In meinem Bekanntenumfeld waren auch Leute mit weniger deutlicher Beamtendenke, einige gingen zur Waldorfschule, das Elternhaus war wesentlich liberaler. Es war nicht dramatisch, wenn man mal über Nacht nicht zuhause war. Einem Jungen, ich erinnere mich nur noch den

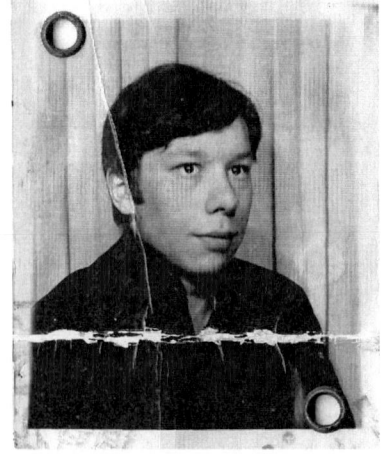

Führerscheinbild 1969

Nachnamen, Rabanus, schloss ich mich mal auf Streifzügen durchs Tal an, wir landeten irgendwo spät abends in Langerfeld. Rabanus hatte was von einem Kauz gehört, der da irgendwo Werkshallen besaß ... Angekommen zeigte uns ein älterer Mann voller Stolz seine Werkshalle mit ein paar alten Flugzeugen und Autos. Ich war sehr beeindruckt vom ollen Espenlaub, dessen Geschichte ich erst Jahre später erfuhr.

Es war inzwischen Abend, Rabanus und ich hatten keinen Bock mehr aufs nachhause tippeln. Der nette Oppa Espenlaub bot uns an, auf einer alten Liege in einem Nebenraum der Werkstatt zu schlafen, was wir bedenkenlos auch taten. Am folgenden Morgen wurde ich zeitig wach, nichts anderes fiel mir ein, als – klar – zur Ausbildungsstätte zu gehen, bzw. zu fahren, meine Pflicht zu erfüllen. Nach dem üblichen Arbeitstag ging ich aus dem Nebeneingang der Unterbarmer Post um den Weg nach Hause anzutreten, da erwischte mich eine dermaßen hart geschlagene Kelle! Mit laut geschrieenem Vorwurf traf mich der Wortschwall des Vatters: „Wo wars Du, kanns' doch nich' einfach nich' nach Hause kommen ..., so lang du deine Füße ...!" Verdattert ging ich vor Vatter her, mit schnellem Schritt Richtung Loh, wo wir wohnten. Ich versuchte mal wieder meine Sicht von einem Jugendlichen darzubringen, ihm den Wunsch nach Entfaltung klarzumachen ..., war dann aber froh, dass die Zeit der Prügel mit Lederriemen und Teppichklöpper langsam zur Historie zählte, die Zeit der schnell geschlagenen Rechte war da. Auch ein Zeichen, dass ich langsam erwachsen war.

Es war schwer, gegen den mit 18 Jahren in den Arbeitsdienst eingetretenen, acht Jahre für das Vaterland gekämpften und hoch dekorierten Veteranen zu bestehen, physisch kämpfen werde und möchte ich gegen ihn auch nicht. Es wurde langsam Zeit, eigene Wege zu gehen, nur noch wenige Monate, dann hatte ich das Kapitel dieser ungeliebten Tätigkeit und Ausbildung rum, mal sehen, was dann passiert.

Seltsam, nur drei Jahre weiter, mein kleiner Bruder, an ähnlicher Stelle, er durfte das, was ich nie durfte, trug dann so 'ne Matte wie ich nie hatte haben durfte.

Bald hatte ich diese ungeliebte Ausbildung beendet und meinen Interessenkreis erweitert, ich war wieder neugieriger. Der Kellerbesuch wurde seltener, nun traten Kneipen in seinen Dienst, man traf sich dort, lernte neue Leute und neue weitere Sichtweisen kennen. Ich traf Leute nicht in diesen reinen Saufbuden, sondern in angesagten Läden. Nur um einige der Zeit zu nennen, ganz vorne für die Mucke mit Liveauftritten, waren das „Wilhelm" (Wilhelmstübchen), „Emmi Maiss", „Anni Röseler" und die „Adersstraße". Zum Abhängen ging man noch, je nach Tageszeit, zur „Belle Etage", ins „Eisbein". Abends auch zum „Kaffee Kaputt", „Kolben", „Oma Plüsch", ich kann sie nicht alle aufzählen. Aber allüberall, komm' wie du bist, Hauptsache du hast 'ne Matte.

In meiner Rufweite lag die „Opernklause" mit höchst interessantem Publikum. Vom schwulen Tänzer des Opernhauses über den Studenten der Medizin, Künstler jedweder Disziplin bis hin zum Zuhälter. Wobei die Luden genau so aussahen wie die anderen Opernklausegänger auch. Matte war längst selbstverständlich und die Haare alleine unterschieden nicht die Gesinnungen.

Ich war nur noch zum Pennen in den elterlichen Räumen am Loh, bedingt durch die Selbstverantwortung und alsbald erworbenen Führerschein wurde der Aktionsradius immer weiter. Wuppertal wurde zu eng, über Haan und Hilden gings nach Düsseldorf, ich lernte das „Cream Cheese" kennen. Machte Trips mal wieder nach Amsterdam und zur Küste nach Egmond und Bergen. Oh was war denn hier los, die waren uns gefühlte 20 Jahre voraus. Im Gegensatz zum Bruder, der zeitversetzt mit seiner Freiheit auch die ersten Drogen kennenlernte, blieb ich bis auf die wachsende Matte, nebst „Gammlerklamotten", auf der Spur.

Die Frisur war in den 60ern eine selbstverständliche Markierung und Ausdruck. Die Art der längeren Haare, wie sie geschnitten waren, getragen wurden, die Signale der Uniformität eine Ausrichtung von Gleichgesinnten. Gedanklich und auch sozial. Die Musik hatte die Basis gelegt, machte das erste Kennzeichen einer andersartigen Denke. Mit den Signalen der folgenden Kleidung, kein Schlips, kein Anzug mehr, ließ sich eine speziellere Philosophie ausdrücken.

Meine musikalische Orientierung – über Radio Luxemburg entwickelt – fand anfänglich mit allem Neuen seine Heimat in meinem Kopp. Zunächst war es der Beat, mit allen Gruppen, klar auch Elvis und Konsorten mit der amerikanischen Rock 'n' Roll Musik sorgten für neuen Ohrsex. Manchmal, noch nicht einzuordnen, gab es Rhythmen die anders klangen, die mir aber in meinem Resonanzkörper ganz anderes zum Kribbeln brachten.

Die ersten Namen personalisierten die Songs für mein kümmerliches Englisch. Die Songs musste ich nicht verstehen, konnte aber die Botschaft fühlen. Auch ich hatte mit knapp 16 mir dann beim einschlägigen Musikalienhändler „Karl vom Kothen" einen Plattenspieler kaufen können, dafür gingen mehrere Monatstaschengelder drauf. Noch einige Zeit sparen, dann hielt ich meine erste LP in den Händen. Otis Redding mit „Sittin' on the dock of the bay" und anderen Liedern. An anderer Stelle hatte ich mal vom Musikunterricht berichtet, ich hatte das prägende Glück einen Jazz-Freund als Lehrer zu haben, in den späten 50ern sicher noch ein absolutes Novum. Im Unterricht stand nicht das Notenlernen oder Lieder von der Mundtrommel absingen im Vordergrund, er legte Jazz und andere afroamerikanische Musik auf. Mich begeisterte der Stil und das Gefühl, das eben diese Musik bei mir auslöste. Kein Wunder, dass nach Ir-

Foto vom Vogeler, wo se alle hingingen, 1967

rungen in der Rockmusik und Country (wobei da mit heutigen Ohren auch viel „nettes" dabei ist), immer wieder schwarze Musik an erster Stelle stand.

Eine Zugehörigkeit zu dieser Musik mit optischen Mitteln Ausdruck zu verleihen, sich als Fan zu outen, hieße aber aus den dünnen Westeuropäerhaaren mittels Dauerwelle eine Afrofrisur zu klöppeln. Nee, um Himmels willen. Ich möchte nicht wissen, was der Vatter dann zu seinem Sohn gesagt hätte. Das Abspielen der Musik in meinem Zimmer wurde schon immer mit „furch'bare Negomusik, ausmachen!" kommentiert. Ob de Vatter vom Vatter auch so'n Ärger mit seinem Jung' hatte?

Wenn ich mir das Ding jetzt mal ausspinne, kommt der Gedanke, sein Vatter, also mein Oppa, hätte gerne Bach, Händel und Mozart gehört – was er nicht tat. Hätte der Oppa dann zum Stil seines Sohnes, beeinflusst von der Musik der 30er Jahre, gesagt: „Geh mal nich' mehr zum Friseur, meine Musikerwelt trägt doch lange Haare!" Un der Einstein hätte sich einen abgegrinst und die Zunge noch weiter rausgestreckt. Schöne Grüße an die Stones.

Letztes Jahr ließ ich dann nochmal, nach extremen Kahlschlag 2013, für 9,90 Euronen das Haar länger als ein Jahr lang und hinten schon zum Zopf ausreichend wachsen. Die letzten Jahre davor hatte ich immer ziemlich kurzes Haar, der Haaransatz vorne, nun eher oben, wurde immer dünner und es sah einfach Driete aus. Ich hatte jetzt mal drauf geachtet, noch im CCB sah ich diverse olle Knaben mit wallender Mähne, auch mit dünnem, aber langem Haar, zum Zopf geknotet, nee, dat is' nich' mehr mein Ding. Und zu manchem alten Sack würd' ich gerne sagen, dat is nix mehr: „Geh ma' zum Frisör, Friedel!"

Ach der Bund fällt mir grade ein. Was war da noch, ich durfte kurz das Haarnetz tragen? Aber eigentlich habe ich die Dienstzeit fürs Vaterland ausgeklammert, weil wir hier nur vonne Jugendzeit berichten mögen sollen, sachte der Ronnie.

Un wo he Recht hat, hatte enns ewen Recht ...

(`Schuldigung wegen des häufigen Abgleitens in diese Scheiß-Fäkaliensprache)

Wolfgang Pohlmann

„Wir haben nix gegen lange Haare, nur gepflegt müssen sie sein."

„Lass dir mal die Haare schneiden!"
Wie oft ich diesen Satz in meinem Leben gehört habe, kann ich gar nicht mehr zählen. Bin ich doch dieses dünnen langen Naturprodukts bis dato anhängig, und zwar gern und mit vollster Überzeugung.

Der Ausgangspunkt, die Ohren zuwachsen und unsichtbar werden zu lassen, reicht aber ursprünglich bis in früheste Kindheitstage zurück. Die Natur hat mich leider (aber im Rückblick: Gott sei Dank) mit großen und abstehenden Ohren ausgestattet.

Aus diesem Grund wurde ich auch des Öfteren Opfer von Beleidigungen („Schlappohr", „Segelohr", und dergleichen). Das Schlimmste aber: Ich wurde sogar mit Steinen beworfen. Da habe ich beschlossen: Wenn ich größer bin, werde ich meine Ohren irgendwie verstecken.

Davor lagen aber noch lange Jahre, in denen ich keine Freundschaft mit meinen Ohren schließen konnte, zumal mein Opa (Altnazi[1] und gleichzeitig mein Vormund) mich ständig zum Friseur schickte und auf das Schlimmste scheren ließ. Nach Opas Ableben war dann die Zeit für einen anderen Haarschnitt gekommen.

Zuerst sah ich aus wie Elvis, dann wurde es endlich Zeit für die Expansion meiner Haarlänge.

Für Euphorie war es in den 1960er Jahren aber noch zu früh. Obwohl man mir aufgrund vorhandener Geheimratsecken einen frühen Glatzkopf prognostizierte, blieb ich, wie inzwischen alle Welt und ganz Wuppertal weiß, in dieser Hinsicht verschont.

---

1 ... der auch mit dem dazu passenden Accessoire unter der Nase ausgestattet war.

Auf Anregungen wie „Geh doch mal zum Friseur" oder „Lass dir mal die Haare schneiden" habe ich inzwischen gute Antworten auf Lager. Zum Beispiel „Natürlich könnte ich mir die Haare schneiden, ich könnte mir auch 'n Arm absägen; das tu ich aber auch nicht." Oder: „Jesus hatte lange Haare, Hitler hatte kurze Haare."

Anfang der 1970er Jahre war mein Schopf mittellang. Damals hatten fast alle Männer lange Haare (schönes Beispiel: unsere Fußball-Nationalmannschaft).

Jeder Mann mit kurzem Haar war als Bundeswehrsoldat erkennbar.

In den 1980er Jahren wurde das Haupthaar ganz allgemein wieder kürzer. Nicht so bei mir. Meine Haarlänge kratzt an der Ein-Meter-Marke. Ablehnung durch meinen üppigen Schopf habe ich allerdings nur drei- bis viermal erfahren, z.B. in Österreich, wo man mir nahe legte, zum Tafeln doch bitte ein anderes Restaurant aufzusuchen. In England wurde mir mal ein Bed & Breakfast-Zimmer verweigert.

Und der Klassiker: Die Kontrollen am Zoll. Natürlich gibt es auch heute noch Anspielungen auf meine Haarlänge und denen meiner inzwischen weniger gewordenen Mähnen-Kollegen. Aber das interessiert mich überhaupt nicht.

Ist es Neid? Oder gebricht es am Können, aufgrund natürlicher fehlender Ressourcen? Oder glaubt man, ich müsse oder sollte mich meinem Alter gemäß frisieren, kleiden oder was auch immer? Vielleicht am Stock gehen und statt den Bass zu zupfen in den Barmer Anlagen die Enten mit alten Brötchen füttern?

Meine Mutter hat mich übrigens immer wie eine Löwenmama gegen Leute verteidigt, die mich wegen meiner Haare angemacht haben. Es gipfelte einmal darin, dass sie zu einem älteren Herrn sagte, der mich beleidigt hatte, er sei ein Riesenarschloch. Gut gebrüllt, Löwenmama!

Natürlich hatte ich auch während meiner (kurzen) Ehe eine

Mähne, obwohl mein Eheweib das ein oder andere Mal einen Friseurbesuch angemahnt hat. Natürlich ohne jedwede Aussicht auf Erfolg. Schließlich hat sie mich mit langen Haaren kennen gelernt.

Ich habe in alten Fotoalben nach Aufnahmen gesucht, die belegen, wie sich meine Frisuren und Haarlängen im Laufe der Jahrzehnte verändert haben. Ein Satz, der in einen ähnlichen Zusammenhang passt, fällt mir noch ein: „Ich habe nichts gegen lange Haare, nur gepflegt müssen sie sein."

Ich fazitiere: Die Haare bleiben dran, und zwar so lange, wie sie wachsen wollen. Basta.

So, jetzt noch ein paar Worte über Musik: Anfänge, Erziehung, eigene Einflüsse und Veränderungen im Zeit- und Musikgeschmack.

Erinnerungen habe ich so ab Anfang der 1950er Jahre. Da lief den ganzen Tag zu Hause das mit Röhren bestückte Loewe-Opta-Radio, das einen schönen sonoren Klang hatte und mit einem so genannten „Magischen Auge" versehen war, das aufleuchtete, sobald die Röhren vorgeglüht waren.

Wurde das Radio ausgeschaltet, verblasste auch das Magische Auge.

Auch der Dual-Plattenspieler wurde sonntags bemüht, um Schallplatten abzuspielen; sowohl in Single- als auch in LP-Form.

Es gab Opern, Operetten und Schlager mit Fred Bertelmann, Ronny, Freddy Quinn und anderer Interpreten mit merkwürdigen Namen: Bully Buhlan oder Friedel Hensch & Die Cyprys. Aber die Musik, die mich akustisch und auch optisch (Hüftschwung etc.) zuerst angemacht hat, kam von Elvis Presley.

Fernsehen gab es erst mal nur in der Kneipe oder bei irgendeinem Nachbarn, wo sich große Menschenmengen versammelten, um diesem Ereignis beizuwohnen.

Irgendwann, vermutlich 1960, begannen die 1960er Jahre, und damit das einflussreichste Jahrzehnt der „modernen" Musik. Bei der Erfindung der Beatles hatte der liebe Gott einen Sahnetag erwischt! Vier derart großartige, talentierte und musikalische Menschen zusammen zu bringen, ist wohl bis dato einmalig.

Ich wurde fast ohnmächtig vor Glück als ich zum ersten Mal bewusst dieser Musik lauschen durfte. (Ich war mit diesem Gefühl wohl nicht allein).

Vorher hatte ich schon die Instrumentalmusik der Shadows (mit und ohne Cliff Richard) und der schwedischen Spotnicks für gut befunden, aber das, was bei den Beatles aus dem Lautsprecher kam, war sphärenweit davon entfernt.

Toller Satzgesang, unfassbare Harmoniefolgen und eine tolle Show, oder wie der Teenie heute sagt, Performance.

Was danach in der ganzen Welt passierte, wird wohl in der Geschichte der Menschheit einmalig bleiben. Aber viele hunderttausend Bands gründeten sich nach dem Auftauchen der Fab Four aus Liverpool, und eiferten ihnen nach. Allerdings sind nur die wenigsten groß rausgekommen.

Nach dem Ende der Beatles kamen die 1970er Jahre mit neuer Musik und neuen Bands. Es gab mehr Genres als der Mensch Finger und Zehen hat, z.B. Hardrock, Glamrock, Rockpop und Folkrock und was weiß ich sonst noch.

Mich haben einige dieser Bands begeistert. Hier einige meiner

Favoriten: Queen, Led Zeppelin, Deep Purple, UFO, Rainbow, Jethro Tull.

Jetzt noch ein paar Worte dazu, wie ich zur Musik gekommen bin. Dazu muss ich etwas ausholen.

Angefangen hat es eigentlich sehr beschissen, da ich nach einer gescheiterten Beziehung in ein tiefes Loch fiel. Mit vielen üblen Nebenwirkungen. Dazu gehörten auch schwere Schlafstörungen.

Und da fing es also an, dass ich abends immer öfter unterwegs war und oft auch in diversen Diskotheken verkehrte.

Ich wurde Stammgast in Big Pub, einer Disko in Remscheid, wo ich auch ein wenig mitgearbeitet habe. So habe ich die schlaffreie Zeit einigermaßen gut rumgekriegt.

Das Big Pub wurde irgendwann geschlossen, und wir sind dann ins Riverside an der Müngstener Brücke gezogen. Das wurde dann das legendäre Exit, in dem ich dann elf Jahre gearbeitet habe, und zwar drei- bis viermal in der Woche. Und das alles neben meiner normalen Arbeit. So habe ich die Nächte verkürzt und auch noch einigermaßen Geld verdient.

Aber irgendwann war auch diese Zeit vorbei, und mein gesundheitlicher Zustand hatte sich sehr gebessert.

Später hatte ich einen Bekannten aus alten Zeiten getroffen, der mir von einem beatclubähnlichen Raum erzählte, wo ich unbedingt mal hingehen sollte.

Dort probte einmal in der Woche die Band Just 4 Fun, und es waren auch Gäste anwesend. Dort tat sich vor mir eine Welt auf – die der Livemusik –, allerdings noch ohne jegliche Ambitionen.

Einige Zeit später wurde ich gefragt, ob ich als Bassist bei Just 4 Fun einsteigen wollte. Ich war allerdings ein blutiger Laie und hatte so meine Bedenken.

Aber letztendlich bin ich als Bassist eingestiegen, natürlich am Anfang fehlerbehaftet, aber ich hatte immer einen Fürsprecher, und zwar bis heute: Danke, Uwe Rotter.

Mit Just 4 Fun habe ich lange zusammen gespielt, fast immer mit viel Freude.

Die meisten Auftritte hatten wir, in wechselnder Besetzung, in der legendären „Hünefeldstraße", aber auch dieses Kapitel ging schließlich mal zu Ende, und der Laden im Keller des alten Arbeitsamts wurde Geschichte.

In dieser Zeit war die Band Just 4 Fun im Umbruch, und das war eine schwierige Zeit. Gelegentlich habe ich den Gedanken gewälzt, eine eigene Band zu gründen, und jeder, der dies schon mal gemacht hat weiß, wie schwierig es ist, die Musiker zu finden, die musikalisch und menschlich zusammen passen.

Als wir den Culture Club Barmen (CCB) angemietet, umgebaut und eröffnet haben, hatte ich eine Band zusammen; nur der Drummer musste mehrmals ausgetauscht werden.

Inzwischen habe ich eine gute Truppe zusammen, und unser Level ist auch schon recht hoch. Allerdings habe ich den Bass zur Seite gelegt und widme mich hauptsächlich dem Gesang. Jau, ein großes Wort, aber man bemüht sich.

Soweit meine Einlassungen, wie ich zur Livemusik gekommen bin. Es war eine sehr schöne Zeit, auch in Hinsicht der Haarlänge der Herren. In diese Zeit fielen auch meine Verlobung, meine Hochzeit, mein Nachwuchs und (Gott sei Dank) die Scheidung.

Vergessen darf ich auch nicht, dass ich Mitbetreiber des Holzwurmparadieses war, das Ende der 1960er Jahre einen sensationellen Erfolg hatte. Es war in Remscheid-Hasten beheimatet und überregional bekannt.

Bis heute bin ich bei der Livemusik geblieben, und nach so langer Zeit, in der ich der Musik verfallen bin, gibt es doch das Fazit: Es geht nichts über Livemusik und der aus ihr resultierenden Atmosphäre!

Horst Pukallus

Haare zu Bier
Eine wunderbare Verwandlung der 1960er Jahre

„Ich gebe Ihnen zehn Mark, wenn Sie sich die Haare schneiden lassen."

Diesen bemerkenswerten Satz sprach im Sommer 1965 ein Herr H., Bürovorsteher der Düsseldorfer Bezirksdirektion einer Sachversicherungsgesellschaft, die längst nicht mehr in ihrer einstigen Form existiert, sondern in einem Konzern aufgegangen ist. In den 60er Jahren des vergangenen Jahrtausends habe ich dort eine Lehre zum Versicherungskaufmann durchlaufen und war jahrelang in diesem Beruf tätig, bis ich mich dazu entschloss, statt an einem fremden lieber an einem eigenen Schreibtisch zu sitzen und die schriftstellerische Laufbahn zu beschreiten.

Auch Deutsche Mark und Pfennig gibt es nicht mehr, der frühere „Lehrling" bzw. das „Lehrmädchen" heißt heute Azubi, und im Gegensatz zu damals gilt es heute nicht als fraglich, ob Frauen überhaupt Hose tragen dürfen. Es war eben eine andere Zeit, und das betraf genauso die Haartracht.

Nach dem Vorbild etlicher Beat-Bands wagten Jugendliche plötzlich die Haare länger zu tragen. So etwas betrachtete das Establishment als undeutsch und unordentlich (ähnlich wie Hosen an Frauenbeinen als undeutsch und sittenlos) und empfand es daher als Dorn im Auge.

Also fiel unerwartet der erstaunliche Satz: „Ich gebe Ihnen zehn Mark, wenn Sie sich die Haare schneiden lassen."
Ehrlich, ich staunte wirklich. Im ersten Moment war ich regelrecht baff. Erstens

stand ich in silbergrauem Anzug und schmalem schwarzem Lederschlips ausgesprochen schnieke da. Zweitens hing mir das Haar keineswegs bis auf den Arsch, sondern ragte gerade mal harmlos einen Zentimeter über den Kragen. Aber das ging offenbar schon zu weit.

Doch es blieb nicht bei der Verdatterung. Ich horchte auch auf – mit zehn Mark konnte man in der damaligen Zeit nämlich noch was anfangen. Sofort dachte ich daran, durch diesen Vorschlag zwei Fliegen mit einer Klappe zu schlagen. Folglich willigte ich mit stillem diebischem Vergnügen ein.

Ich wusste in Düsseldorf am alten Bilker Bahnhof (der vor Jahren, in der Ära des früheren Oberbürgermeisters Erwin, im Rahmen des neoliberalen Umbaus der Stadt trotz erhaltenswerter Substanz platt gemacht wurde) einen Frisör, der für einen schlichten Herrenhaarschnitt 3 Mark 50 nahm. Bald nach Feierabend erschien ich dort und ließ mir Schnipp-schnapp flugs die Frisur ein bisschen stutzen. Die Schnippelei dauerte nur wenige Minuten.

Dann kam der schönere Teil. Denn ich kannte schräg gegenüber eine Kneipe, in der das Glas Altbier menschenfreundliche 45 Pfennige kostete. (Die Kneipe ist auch längst weg.) Bis zur Ecke Färberstraße/Brunnenstraße brauchte ich nur die Eisenbahnbrücke zu unterqueren und stand gleich darauf am Tresen. Mit den verbliebenen 6 Mark 50 machte ich mir bei 14 Alt einen fröhlichen Abend und schwelgte in dem Wohlgefühl, dank des preiswertesten Frisörs und der preiswertesten Kneipe der Stadt dem Establishment mit den eigenen Waffen ein Schnippchen geschlagen zu haben.

Und das war noch lange nicht alles. Am nächsten Morgen zeigte der Herr Bürovorsteher sich dermaßen begeistert von meinem adretten Aussehen, dass er mich stracks zum Oberlehrling ernannte.

Mehr Geld erhielt ich deshalb nicht, durfte jedoch die anderen Lehrlinge durch die langen Korridoren schicken und mich auf die anspruchsvolle Aufgabe konzentrieren, Flaschenbier ins Büro zu schmuggeln, eine Kunst, in der ich es schnell zu der Meisterschaft brachte, in meinem Anzug acht Flaschen am Bürovorsteher vorbei zu schaffen.

So erwies die Aktion sich rundum als voller Erfolg.

Uwe Rotter

Die tolldreisten Abenteuer eines Postjungboten in den 1960er Jahren

„Gang ens nom Friseur!"
„Wie löps du dann röm?"
„Dat häddet bim Adolf nit gegeven!"
„Da müsste man mit der Heckenschere drangehen!"

An solche und ähnliche Sätze musste ich mich ab Mitte 1963 gewöhnen, weil ich Horst Laumann getroffen hatte, der damals schon eine richtige „Matte" hatte, was mich schwer beeindruckt hat. So eine Matte musste ich auch haben. Außerdem war ich Beatles-Fan der ersten Stunde, und die standen in dem Ruf, „lange Haare" (aus heutiger Sicht: ein Witz) zu haben.

Bis zu diesem Zeitpunkt hatte ich die damals übliche Frisur Marke „Elvis-Tolle" getragen, die mit „Brisk" oder „Brylcreem" geformt wurde. Die hatte übrigens auch der heute hochdekorierte Schriftsteller Ronald M. Hahn, den ich ebenfalls kurz vorher kennen gelernt hatte. (Eigentlich sah er mit seiner schwarzen Hornbrille eher wie Buddy Holly aus.)

Uns verband auf Anhieb das Interesse an den Beatles, an der Musik, die auf BFN (später BFBS) zu hören war, und an der Science Fiction. Und uns gefielen die langen Haare. Also ließen wir uns die Haare wachsen. Mit den darauf folgenden Problemen konnte man noch nicht rechnen, weil es nach unserer Meinung nichts Schlimmes daran gab, die Haare länger zu tragen, als es üblich war.

Wenn man bis dahin gewöhnlich alle drei bis vier Wochen zum Friseur ging, fiel es natürlich nach einem halben Jahr Friseurverzicht auf, dass die Haare länger als üblich waren. Als erstes meiner Mutter.

Frisurenmäßig das große Vorbild sämtlicher Barmer Beatniks Mitte des 20. Jahrhunderts: Horst L., ca. 1965.

„Wie läufst du denn 'rum? Was sollen denn die Leute sagen?", waren ihre Bemerkungen.

Meine Antwort lautete: „Die Leute, die Leute ... Wer sind denn ‚die Leute'? Die interessieren mich nicht. Die sollen sich um ihre eigenen Angelegenheiten kümmern."

Mein Vater, sonst eher tolerant und nachsichtig, fiel dann nach kurzer Zeit mit ein. Und damit begann der Stress zu Hause, der sich hinzog bis ... Dazu später.

Ronald gründete den ersten Beatles-Club in Wuppertal und druckte dazu, als Schriftsetzerlehrling an der Quelle sitzend, professionelle Mitgliedsausweise, die in unserem Umfeld Bewunderung (damals kannte man eben noch nicht PC und Drucker) hervorriefen. Wie viele Mitglieder der Club während seines Bestehens dann hatte, weiß ich heute nicht mehr. Auf jeden Fall waren wir seinerzeit stolz darauf.

Wir trafen uns regelmäßig im „Keller" an der Adlerbrücke, weil man dort Gleichgesinnte wie Friedhelm Hüppop (Hüpf), Horst Hinrichs (Hinner, vorher auch als Akim bekannt), Reiner Becker, Horst Kuhweide, Harald Drein, Reiner Bergmann, Karl Schwarz (Charly) etc. traf und in Ruhe abhängen und die neuesten Platten hören konnte.

Dort trafen wir auch auf meinen Schulfreund Roland Böhm, der zusammen mit Paul Schaller in einem separaten Raum auf der E-Gitarre Instrumentalstücke der Shadows übte. Es dauerte nicht lange, bis die Idee entstand, die Musik, die man auf Platten hörte, Beatles, Rolling Stones, Searchers, Gary and The Pacemakers etc., selbst zu spielen. Es gelang uns, Paul und Roland zu überreden, dabei mitzumachen. Wir gründeten also eine Band. Paul und Roland an der Gitarre, Ronald als Sänger und ich …

Ich hätte eigentlich auch gern Gitarre gespielt, aber Gitarristen hatten wir ja schon. Nun, es musste ja einer Schlagzeug spielen, aber wo sollte man ein Schlagzeug hernehmen? Retter in dieser Situation war Friedhelm Hüppop, dessen Vater noch ein altes Schlagzeug im Keller hatte. Den Mann zu überreden, uns das Gerät zur Verfügung zu stellen, war eine seiner leichtesten Übungen.

Für die Profis: Das Schlagzeug war mit echten Kalbfellen bestückt und bestand aus einer 26er Bassdrum, einem 13er Tom und einer 14x3½er Snare sowie einer Hi-Hat. Oben auf der Bassdrum war eine Stange mit einem Haken befestigt. An diesem Haken hing an einer Lederschlaufe das Becken.

Nicht gerade ein Drum-Set, wie man es von den Bildern der Beat-Bands her kannte, aber immerhin ein Schlagzeug.

Es stellte sich schnell heraus, dass ich wohl Talent hatte, dieses Instrument zu spielen, und so probten wir im „Keller" an der Adlerbrücke (heute CVJM-Haus), so oft es ging, die damals angesagten Titel. Da bei den Proben die Kellerfenster immer offen waren, drangen unsere Klänge nach draußen und lockten eine

Menge Zuhörer, hauptsächlich weiblichen Geschlechts, an. Es entstand dadurch ab und zu ein Pulk vor den Kellerfenstern, der dann schon mal die einspurige Fahrbahn blockierte und deswegen von der Polizei aufgelöst werden musste.

Da sich die Beat-Musik bei den Jugendlichen immer mehr durchsetzte, gab es auch viele Jünglinge, die, ähnlich wie wir, Bands gründeten. Man lernte einander kennen, sprach über Musik und begutachtete das Equipment der anderen bei gegenseitigen Besuchen in den Proberäumen.

Apropos Equipment: Ein großes Wort für die damals benutzten Gegenstände. Die meisten fingen mit einem ausgedienten Röhrenradio an, das gegebenenfalls umgebaut wurde. Wir waren schon besser dran, weil irgendeiner einen Verstärker, Dynacord Eminent (5x*ECC*83, 2xEL34), besorgt hatte und eine große selbstgebaute Lautsprecherbox zur Verfügung stand. Sogar drei Mikrofone (AKG, Shure und Peiker) waren im Einsatz. Als Proberaum diente den meisten Bands ein Keller oder eine Garage. Wir waren häufiger zu Besuch bei einer Gruppe, die zum Proben die Räume eines Pförtnerhäuschens des stillgelegten Linde Eiswerks in der Hünefeldstraße (dort, wo heute das Arbeitsamt ist) benutzen durften. Da dort auch immer einige Mädels zu Gast waren, ging in den Räumen gut die Post ab.

Paul und Roland, die bei Wesselys Musiklehrer Harald Heinz Gitarrenunterricht hatten, machten erhebliche Fortschritte und so hielten wir uns bald für eine richtig gute Beat-Band. Das fand auch Harald Heinz, der das an Wessely berichtete, welcher uns kurzerhand für den in der Stadthalle geplanten Band-Wettbewerb anmeldete, an dem insgesamt 10 Bands teilnahmen.

Was uns zu diesem Zeitpunkt auffiel: Wir hatten keinen Bassisten. Und das Band-Festival sollte in vier Wochen stattfinden. Roland Böhm erzählte das zufällig seinem Arbeitskollegen Thomas Sand. Der hatte zwar noch nie einen Bass in der Hand gehabt, aber er sagte, das würde er gern machen. Also kaufte er sich eine Bassgitarre (Höfner, kunstlederbezogen) und begann zwei Wochen vor dem Auftritt in der Stadthalle, die Grundbegriffe des Bassspielens zu erlernen. Natürlich konnte er in der kurzen Zeit nicht soweit sein, dass er mitspielen konnte. Aber er machte auf der Bühne der Stadthalle mit seiner Höfner-Bassgitarre eine gute Figur. Und offensichtlich hat keiner bemerkt, dass er gar nicht mitspielte. (Thomas war durch diesen Zufall auf ein Instrument gestoßen, für das er ein unglaubliches Talent besaß. Innerhalb kurzer Zeit wurde er zu einem der besten Bassisten Wuppertals, wechselte später zum Jazz und ist noch heute mit seinem Kontrabass ein gefragter Studiomusiker bei den Aufnahmen vieler Jazzbands.)

Da wir noch keinen Bandnamen hatten, schlug Wessely den Namen „Blue Beats" vor, den wir sofort akzeptierten. Später erfuhren wir, dass es in Schwelm schon eine Band dieses Namens gab und änderten den unseren in „Blue Byrds", unter dem wir dann in Wuppertal bekannt wurden. (Das „blue" hatten damals übrigens viele Bands in ihrem Namen. Wenn sie überhaupt eine Übersetzung dafür kannten (Englisch sprachen damals nur wenige Wuppertaler), war es wohl meistens „traurig". Dass „blue" auch „nicht salonfähig" bedeuten konnte, wusste wohl kaum einer.)

Für mich war der Auftritt in der Stadthalle die Gelegenheit, meinem Vater zu erklären, dass ich unmöglich auf dieser Bühne mit dem alten Schlagzeug von Friedhelms Vater auftreten konnte (dass ein komplettes Drum-Set von Wessely zur Verfügung gestellt wurde, vergaß ich zu erwähnen). Und so konnte ich ihn überzeugen, dass das Schlagzeug in Goldglimmer, das ich bei Karl vom Kothen im Schaufenster gesehen hatte, genau das war, was auf der Bühne gut wirken würde. Mein Vater hat dann für den Kauf dieser Schießbude, die für die damalige Zeit unverschämte 900 DM kostete, eine geringe Anzahlung geleistet und, weil ich sie sofort mitnehmen wollte, und für den Rest einen Wechsel gezeichnet. Ich fand das völlig in Ordnung. Dass er mit diesem Wechsel fast sein Monatsgehalt verpfändet hatte, wurde mir erst später klar. Ebenfalls erst später erkannte ich, dass das Schlagzeug, Marke TROMSA, ein DDR-Erzeugnis war und im Einkauf wohl höchstens 200 Mark gekostet hatte.

Der Wettbewerb in der Stadthalle endete mit einem dritten Platz für uns und einem halbseitigen Bericht im General-Anzeiger (heute *Westdeutsche Zeitung*) und hat einiges bewirkt.

Womit wir wieder bei den Haaren sind: Lange Haare waren damals für den Großteil der Bevölkerung ein Reizthema wie heute das Rauchen. Und wie eingangs erwähnt, gab es Probleme. Von vielen Leuten wurde man beschimpft, angepöbelt, bekam Prügel angedroht etc. Als 15- oder gerade eben 16jähriger hatte man da keine allzu guten Karten. In jeder Kneipe gab es einen Profilneurotiker, der sich vor seinen Kumpels profilieren wollte, indem er auf das „langhaarige Gesindel" losging, auf das die Mädels nur so flogen. Mit einer Ausnahme: Im „Griechen" auf der Friedrich-Engels-Allee hatten wir unsere Ruhe. Dort hat uns nie jemand angepöbelt oder auch nur krumm angesehen. Dort waren wir willkommen, und dort wurde sogar die Musicbox mit den von uns gewünschten Titeln versehen. Natürlich wurde dieses Lokal zu unserer Stammkneipe.

Auch bei ihren Arbeitgebern hatten Jugendliche mit langen Haaren keinen guten Stand. Oftmals wurde sogar mit Rausschmiss gedroht.

Besonders, wenn man noch in der Lehre war, hat diese Drohung so manches Mal gewirkt. Zumal die Eltern ja auch gegen lange Haare waren und in die gleiche Kerbe schlugen.

Bei mir zu Hause zog sich der Stress hin, bis ... Ja, bis wir in der Stadthalle gespielt hatten und in der Zeitung erwähnt wurden. Seitdem hatte mein Vater eine Kehrtwendung gemacht und unterstützte mich gegen meine Mutter und den Rest der Welt. Ich machte meine Lehre bei der Deutschen Bundespost und hatte in diesem hierarchischen Gebilde natürlich mit jedem Vorgesetzten Ärger wegen meiner Haare. Da ich mich gegen den jeweiligen Vorgesetzten behauptete und mich nicht zwingen ließ, die Haare abschneiden zu lassen, wurde diese Angelegenheit nach und nach von den Vorgesetzten an den Nächsthöheren in der Hierarchie weitergegeben, bis sie schließlich beim Leiter der gesamten Barmer Post landete.

Der zitierte meinen Vater und mich zu sich und erklärte, mein Vater hätte dafür zu sorgen, dass ich mir die Haare abschneiden lasse. Mein Vater, der bis zu der Veranstaltung in der Stadthalle auch dieser Meinung war, fragte den Chef der Barmer Post, was er an meiner Leistung auszusetzen hätte.

„An seiner Leistung ist nichts auszusetzen, aber die *Haare* ..."

„Dann ist ja alles in Ordnung", sagte mein Vater. „Und wie mein Sohn seine Haare trägt, geht Sie einen Scheißdreck an! Guten Tag."

Ich wäre vor Freude fast geplatzt. Natürlich zog diese Abfuhr an den Postchef Konsequenzen nach sich. Man konnte mich nicht zwingen, die Haare abschneiden zu lassen, aber für den Schalterdienst mit Publikumskontakt war ich plötzlich untragbar. Aus meinen Postämtern in Ongerbarmen, schräg gegenüber vom Allee-Stübchen, und Loher Straße, die so günstig gelegen waren, musste ich mich verabschieden.

Ich wurde zur Steinbeck in die Paketumschlagsstelle versetzt. Dort gab es für mich Schichtdienst von 14:00 bis 22:00 und von 22:00 bis 6:00 Uhr, auch samstags und sonntags. Da inzwischen allgemein bekannt war, dass ich mit meiner Band an den Wochenenden ausgebucht war (damals gab es hauptsächlich Monatsengagements), hatte man geglaubt, mich damit in die Knie zwingen zu können. Aber in der Paketumschlagstelle waren überwiegend jüngere Leute und inklusive Chef locker drauf

Die Blue Byrds in Aktion

und fanden es gut, dass ich Musik machte. An den Wochenenden durfte ich nach der ersten Schicht rechtzeitig gehen, um pünktlich zum Auftritt zu kommen, und in der zweiten Schicht brauchte ich erst um 1:00 Uhr zu erscheinen und musste dann berichten, wie es war und welche Titel wir gespielt hatten.

In der Stadthalle gab es dann nach dem Wettbewerb einmal im Jahr weitere Beat-Band-Festivals (später zusätzlich den „Beat Band Ball" von Fritzsche mit den „Beatkids"), wo wir natürlich teilnahmen. Während des ersten Festivals, bei dem wir mitspielten, kam ein Herr Frenzel zu uns hinter die Bühne und fragte, ob wir in seinem Club „Impuls" auftreten wollen.

Euphorisch und größenwahnsinnig, wie wir waren, sagten wir natürlich sofort zu und mussten eine Woche später im „Impuls" am Döppersberg spielen. Was wir nicht bedacht hatten war, dass unser Repertoire nicht für den ganzen Abend ausreiche. Wir mussten deshalb die aktuellen Titel, die wir konnten, im Laufe des Abends dreimal wiederholen. Glücklicherweise waren es, wie vorstehend erwähnt, aktuelle Titel aus den Charts, so dass das Publikum nichts zu maulen hatte. In dieser Phase haben wir uns aber dahinter geklemmt und heftig neue Stücke geübt, denn ein Anschluss-Engagement war schon in Aussicht.

*Starfoto für die Fans:
Die Blue Byrds. Obere Reihe:
Paul, Roland, Tommy.
Unten: Uwe und Reinhard*

Anläßlich eines geplanten Auftritts in der Oberhausener Stadthalle sollten Plakate gedruckt werden. Da wir mittlerweile bekannt waren, verlangte Ronald, der zu der Zeit einen Wechsel zu den „Snobs" in Betracht zog, dass auf den Plakaten nicht „The Blue Byrds", sondern „Ronny and The Blue Byrds" stehen sollte. Wenn nicht, würde er nicht singen.

„Was fällt dem denn ein?"
„Der hat sie wohl nicht alle!"
„Kommt gar nicht in Frage!"

Und ähnlich lauteten unsere Kommentare. Aber was sollten wir machen? Der Auftritt war zugesagt, eine Absage nicht mehr möglich. Sollten wir doch „Ronny and The Blue Byrds" akzeptieren? Nein!! Das ging mir dermaßen gegen den Strich, dass ich großmäulig den anderen erklärte: „Was der singt, kann ich auch."

„Aber du musst ja Schlagzeug spielen", hieß es.

„Ja und? Ringo singt schließlich auch am Schlagzeug", war meine Antwort. Und das musste ich dann auch, denn Ronald sagte ab und wir konnten nur zu viert in der Stadthalle Oberhausen spielen. So kam ich dazu, Schlagzeug zu spielen und zu singen.

Ronald wechselte dann zu den Snobs und wurde durch Reinhard Kortwig ersetzt, der noch zur Schule ging und zu Hause keine Schwierigkeiten durch die längeren Haare bekam. Wir spielten ohne Leerlauf zwischen den Gigs bei „Anni", bei „Onkel Toni", im „Roxy", in der „Quellenburg" etc. und waren recht bekannt und gefragt. Bei „Onkel Tony" konnten wir sogar mal durchsetzten, dass für uns Kinowerbung gemacht wurde. Reinhard Kortwig, der als Sänger bei uns anfing, fragte mich eines Tages, ob er mal an mein Schlagzeug dürfte, und es stellte sich heraus, dass er ein Naturtalent war. Von da an wechselten wir uns mit Gesang und Schlagzeugspielen ab.

Unser „Booking- und Road-Manager" war Hans-Gerd Kehl (Hannibal), der auch immer wieder für Gigs außerhalb Wuppertals sorgte und anfangs mit seinem VW-Käfer, später mit unserem uralten VW-Bus uns und unser Equipment (zuletzt angewachsen auf zwei Fender-Gitarrenverstärker, einen Dynacord Bassverstärker mit einer riesigen Goodman-Bassbox, eine komplette Echolette-Gesangsanlage sowie mein Premier-Schlagzeug samt Hardware) transportierte. Häufig hat uns auch Reinhards Vater seinen nagelneuen Ford Transit zur Verfügung gestellt. Alles in allem waren wir für die damaligen Verhältnisse gut ausgestattet und wurden von vielen anderen Bands dafür bewundert.

Im Laufe der Zeit setzten sich die langen Haare immer mehr bei den Jugendlichen durch. Es kam immer seltener zu Ärgernissen. Die Flower-Power-Ära begann, und zum Stein des Anstoßes wurden dann die Blümchenhosen oder bunte Phantasie-Uniformen. Anfang 1968 lösten sich „The Blue Byrds" auf, und ich sah mich nach anderen Musikern um. Wolfgang „Adolf" Galden wollte mich „auf Empfehlung" (ich weiß bis heute nicht, wer mich empfohlen hat) in seiner Band „Action Issue" haben, aber deren Musik sagte mir damals nicht so sehr zu.

Ich begann dann in der alten Bahnhofskneipe Bracken, beim Trenzinger, mit Siegwart „Rocky" Rockstedt, Jürgen Raulf und Siegfried Brenzel für eine neue Band zu proben. Leider wurde nie etwas daraus, weil ich zu dieser Zeit meine Einberufung zur Bundeswehr bekam.

Am 1. Juli 1968 fuhr ich dann mit einem Rekruten-Sonderzug von der Steinbeck nach Eutin. Der 2. Juli 1968 war dann das Ende meiner langen Haare.

Roland M. Hahn

Die Bildergalerie:
Twist and Shout im Tal der Wupper

Die längsten Haare im Tal, dies wird von keinem Überlebenden bestritten, hatte um 1964 herum Klaus Laumann. Ihm konnten nicht mal die Rolling Stones das Wasser reichen. Allerdings war sein Bruder Horst ihm immer dicht auf den Fersen. Dass beide Jungs deswegen daheim keinen Ärger kriegten, lag an ihrem Stiefvater „Hansi", dem ihre Schrullen wurscht waren.

Klaus   *Karlheinz*

Im Sommer 1969 war der Pilzkopp dann endlich beim letzten Spießer angekommen: Jeder piefige Sparkassenlehrling hatte 'ne Mähne, für die er 1964 noch von der Realschule geflogen wäre ... Und so kam es, dass Karlheinz Linz irgendwann vielleicht nicht die längste Matte, aber den schönsten Haarkopp in Barmen hatte.

Ihre Freizeit verbrachten Jungs wie diese beiden in den anfangs wenigen, später jedoch zahlreicher werdenden von Jugendlichen frequentierten Pinten und Tanzkneipen.

Geschäftstüchtige Wuppertaler Wirtsleute erkannten, dass die Nachkriegsgeneration das Gesülze von Sangeskünstlern wie Freddy Quinn, Gerhard Wendland, Caterina Valente und Margot Eskens nicht mehr hören wollte. Die Cleveren unter ihnen bestückten ihre Musikboxen mit Scheiben, die man zuvor nur mal auf der Kirmes hörte. Wirtsleute, die über den nötigen Raum verfügten, engagierten sogar Bands, die ihrer Nachbarschaft bald mit elektrisch verstärkten Gitarren das Fürchten lehrten.

Mitte der 1960er Jahre gab es für Amateurmusiker in Wuppertal und Umgebung zahlreiche Auftrittsmöglichkeiten: Veranstalter rissen sich um die meist 16 bis 18 Jahre alten Pilzköppe, die in der klassischen Besetzung (2 Gitarren, Bass, Schlagzeug) oder im Quintett (in diesem Fall mit Frontman oder Pianist) auftraten. Bald gab es mehrere Dutzend dieser Bands, die – heute kaum vorstellbar – stets für vier Wochen engagiert wurden. Freitags, samstags und sonntags steppte in diesen Lokalen der Bär, wobei die Jungs oft mehr verdienten als volljährige Handwerker.

Mit einer musikalischen Ausbildung konnte eigentlich kaum jemand protzen: Die Grundkenntnisse des Klampfenspiels erwarb man bei eher branchenuntypischen Gitarrenlehrern im Sold des Musikalienhändlers August Wessely. Dessen Ladengeschäfte (Friedrich-Ebert-Straße 48–50/Westkotter Straße 25) wurden zu einer Art der Wuppertaler Klampfisten und Drummer: An seinen Schaufenstern drückte man sich die Nase platt, begaffte die an den Wänden hängenden und überall in Raum verteilten Instrumente und malte sich aus, wie es wohl wäre, nächstes Jahr im Vorprogramm der wirklich Großen aufzutreten und mit Groupies zu knutschen.

Die bekanntesten Bands in Wuppertal und Umgebung waren damals:

Action Issue Blues Band, Aeronauts, Apple Pie, Beat Kings, Beatkids, Black Shadows, Black Teddys, Blue Beats, Blue Boys, Blue Byrds, Blue Boys, Blue Fellows, Blue Stars, Burnleys, Consuls, Crickets, Desperados, Diabolos, Drifters, Earls, Early Birds, Fenders, Flaming Stars, Formers, Grave Diggers Ltd., High Flyings, Holger and the Swing Boys, Jet Set Band, Just in Time, Kentucky Rockers, Kentuckys, Last Birds, Little Boys, Liverpools, Loafers, Lone Stars, Lonely Boys, Lonelys, MG Midgets, Mods, Moonlights, Navajos, Pairs, Petting, Rebells (sic!), Regards, Regents, Rocket Man's (sic!), Rockets, Rascals, Scooters, Skillies, Silhouettes, Snobs, Strangers, Strings, Swingbeats, Telstars, Twens Four, We, Young Ones, Yeggmen.

Hören konnte man sie in folgenden Lokalitäten:
- Atlantis, Wupperfeld, Bredde 85A
- Bergkrone, Cronenberg
- City Club, Solingen-Ohligs
- Flora, Velbert
- Wwe. Emmi Maiss, Kleine Bandstraße 10
- Hansa-Treff, Schuchardstraße 8–12
- Haus der Jugend, Geschwister-Scholl-Platz 6
- Haus der Musik (Wilhelmstübchen), Wilhelmstraße 27–29
- Impuls, Döppersberg
- Jazzclub, Adersstraße 32A
- Langensiepen, Velbert
- Loher Ampel, Loher Straße 12
- Wwe. Klara Paschhoff, Bogenstraße 31
- Gaststätte Rüseler, Charlottenstraße 32
- Quellenburg, Schee
- Rendezvous, Neumarktstraße 14, 5-Theater-Palast

- Rheinischer Hof, Schwelm, Barmer Straße
- R&R-Club, Bartholomäusstraße 45
  (später: Onkel Tonis Saalbetriebe, heute Caprice)
- Roxy, Schwelmer Straße 51, Langerfeld
- Schuberthaus, Barmen, Rütliweg
- Seemannsheim, Wilhelmstraße 9–11
- Stadtsaal, Rubensstraße 2
- Tanzkasino, Elberfeld, Kölner Straße
- Tanzcasino, Hilden, Erikaweg, Heinz Jansen
- Zur Krone, Hückeswagen

In Wuppertal war das „Haus der Musik" („Wilhelmstübchen") der maßgebliche Tanzschuppen: Hier traten schon Jahre vor dem Mersey Sound deutsche und indonesische Bands auf. Willi Maiss, der Inhaber, registrierte Anfang 1963, dass sich mit der neuen Musik auch sein Publikum veränderte.

Peter, Noel, Kevin, Alan (Neil Landon & The Burnetts) 1964 am relativ schmucklosen Wilhelmstübchen-Tresen.

„Das Wilhelmstübchen war ein Schlauch, untergebracht in einem Flachbau, davor ein geräumtes Trümmergrundstück planiert zu einem großen Parklatz. In den späten Sechzigern ist auf diesem Parkplatz manche aufgerauchte Tüte aus dem Autofenster geschnippt worden. Aber 1963 gab es nicht mal eine Zapfanlage, Bier wurde in Bügelflaschen auf die Theke geknallt. Die war, wenn man rein kam, links. An ihr musste man vorbei, wollte man in den hinteren Bereich, wo auf einer Bühne rechts an der Wand die Musik spielte ... Wie das bürgerliche Publikum im Wilhelm ausblieb, so kamen nun Rock 'n' Roller, Ganoven, Zuhälter, Nutten – aber auch ganz normale Jugendliche." (Hans Jürgen Klitsch).

Die Ganoven, Zuhälter und Nutten trafen allerdings erst ein, wenn der arbeitende Teil der Jugend nach Hause gegangen war, zumal die Polizei an den Wochenenden regelmäßig vor 21.00 Uhr einmarschierte und sich den Spaß gönnte, auf Einhaltung des bei allen normal empfindenden Geistern verhassten Jugendschutzgesetzes zu pochen: Kontrolliert und des Saales verwiesen wurde jeder, der jünger aussah als achtzehn. Mädchen litten besonders unter dieser Kontrolle. Gerissenere Damen (z.B. Frollein Karin, 15) liehen sich von ähnlich aussehenden sechzehnjährigen Kolleginnen, denen die Beatmusik am Po vorbeiging, den Personalausweis und drehten der Staatsmacht eine lange Nase – nachdem sie während der Kontrolle vor Angst ordentlich geschlottert hatten.

Nachfolgend ein fotografischer Querschnitt durch die Ära der Widerborstigkeit und des musikalischen Aufbruchs: Musiker und Fans, im Vergnügen vereint ...

1967, die schönsten Beine Barmens: Jutta (18) vor der Wichlinghauser Jugendkneipe „Berolina-Eck"

Barmer Teens (um 1968) knutschen und freuen sich ihres Lebens in der beliebten Jugendkneipe der legendären „Oma Paschhoff" in der Bogenstraße.

Lothar, Dieter und Ronald P. vom Cliff-Club in der berühmten Unterbarmer Pommesbude „Zum Gulaschpeter" (Hünefeldstraße).

The Formers: Georg, Jochen, Gerd, Erhard

Wie immer schick in Schale: Manfred L. vom Alten Markt und seine Spießgesellen vor Teichmanns Bestattungsunternehmen.

Schon Jahrzehnte vor der Erfindung des Gangsta-Quatsch erteilt Beatnik Klaus P. dem Bösen mit seiner Feuerzeug-Plempe eine Abfuhr: Im kleinen Park am Wupperufer, gleich hinterm Barmer Finanzamt.

The Beatkids (von links nach rechts): Peter Rinke, Heiner Boos alias „Memphis", Jürgen „Kies" Kiesler, Ulrich Bartels und Bernd Dicke. Keiner hat die Rolling Stones damals besser gemacht als sie.

Wenn wir nicht mit der Kreidler unterwegs waren, lungerten wir paffend am Völklinger Platz rum oder spachtelten was in Gulasch-Peters Pommesbude in der Hünefeldstraße: Elsbeth und Lothar, um 1965.

Peter (Drums) und Heiner alias Middi (Gitarre) von den Snobs: Zwei der ersten Pilzköppe im Tal, die das Alter erreichten, in dem man einen Führerschein erwerben durfte ...

„High Life ..." Frollein Veronika im typischen Outfit der Zeit, in der Kneipe der legendären „Oma Paschhoff" in der Bogenstraße ...

*Bei den Spießern gefürchtet, doch in Wahrheit ganz brav:
Die Cliff-Club-Rocker vom Völklinger Platz in Unterbarmen.*

*Peter und Manfred: Die Mods vom Alten Markt in ihren
nagelneuen Blümchenhosen. „Die Leute blieben stehen und
fielen reihenweise tot um." (Manfred).*

Ralph Tappert, Benny Klossek, Jürge Ochse, Kurt Zerbst: The Yeggmen, noch ohne Frontman Bernie, der die Abteilung Rolling Stones leitete.

The Kentuckys: Heinz, Bernd, Peter, Manfred und noch 'n Peter.

Barmer Teens im Freizeitlook der 1960er Jahre: Leo, Dirk, Christa, Jürgen, noch 'n Jürgen und Dietmar geben sich in „Oma Paschhoffs Pinte" die Ehre ...

Gerd „Schimmel" Oetelshoven, die Thomas-Brothers, Volker Lieb und „Henny" Rathgeber, der Wuppertaler Mick Jagger:
The Consuls in Action.

Marlene, Christa, noch 'ne Christa, Gisela, um 1964:
Die Rockerbräute vom Völklinger Platz.

Rolf Blasius, Ulli Lau, Eckhard Triebel, Benny Klossek,
Dagobert Fleischhauer: Die fragwürdig benamsten Rocket Men.

Von links nach rechts: Orlando Mariani, Klaus Emde, Werner Abé, Günter Kraus: The Lonely Boys

The Rockets: Jürgen Hensgen, Hans Kronenberg, Wolfgang „Kookie" Giebl, Wolfgang Gabriel und Volker Lieb bei Anni Rost in der Elberfelder Charlottenstraße.

The Snobs: Ronald, Horst, Peter, Reiner (mit „e") und Heiner, auch als „Middi" bekannt.

Frl. Birkenstock mit Jürgen und Achim bei „Oma Paschhoff". An diesem Abend beschloss sie, Wuppertal den Rücken zu kehren, um in Paris, London oder New York Karriere zu machen. Es ging aber schief...

Eugen „Asbach" Bonrath, Harald „Klapper" Grünewald, Ralph Tappert, Gerd Oetelshoven, alias The Loafers: Sie spielten nur einen Sommer, hier bei Anni Rost in der Elberfelder Charlottenstraße.

Bodo der Blumenfreund mit einer unbekannten Schönen vor „Onkel Tonis Saalbetrieb", wo an diesem Abend vermutlich der Bär steppte.

The Early Birds: Knut Engels (Lg), Peter Bender (Dr), Harald „Klapper" Grünewald (Rg), Volker Lieb (B).

Die ersten Wuppertaler, die ins Profi-Lager wechselten: Dieter Limberg, Herbert Seidel, Jürgen Raulf, Siggi Brenzel: The Black Shadows. Sogar in der Tagesschau wurden sie erwähnt. Karl-Heinz Köpcke: „Der Twist hat sein erstes Todesopfer gefordert." Was natürlich absoluter Quatsch war.

Ronald M. Hahn
Geboren 1948 in der Landesfrauenklinik, aufgewachsen in der Wildnis rund um die Villa Foresta.

Ab 1959 am Loh. 4 Jahre Volksschule Meyerstraße, 4 Jahre Volksschule Emilienstraße, dann Schriftsetzerlehre bei H. & W. Heinemann. Frontman der Beat-Band „The Snobs".

Ab 1971 als Autor, Übersetzer und Fisch in allen Wassern tätig. Hat jetzt die Schnauze vom Malochen voll.

Friedhelm Hüppop

Zu Hause im November 1948 geboren, in Langerfeld aufgewachsen und dort acht Jahre die Volksschule besucht. Mit 14 Jahren in Unterbarmen (am Loh) eingelaufen. Ab 1963 eine Schriftsetzerlehre in der Druckerei Ewald Klüsener im Unterdörnen gemacht. Nach eineinhalb Jahren Bundeswehr (Oktober 1968 bis April 1970) dann 1971 geheiratet, eine Tochter bekommen und beim Staats-Verlag im Kleinen Werth angefangen. 2003 gekündigt und bei seiner Frau in deren Lottoannahmestelle in der Kölner Straße (Elberfeld) bis zum 60. Lebensjahr als Pausenclown und Betriebskasper rumgealbert. Vorzeitig dann unter dem Motto „getz können us ens alle im Nacken däuön", mit Frau zusammen in Rente gegangen.

Horst Hinrichs
Geboren 1947 und in Unterbarmen aufgewachsen, machte er eine Lehre zum Karosserie-Schlosser, fand schon in jungen Jahren Gefallen an der „Weiten Welt" und trampte von 1967–1969 durch Westeuropa, Nord-Afrika und den Nahen Osten.

Nach der Arbeit als Wehrdienst-Verweigerer in einem Krankenhaus fuhr er in den 70er Jahren mit zwei Freunden in einem VW Bus über Afghanistan und Indien nach Kathmandu. Ende der 70er Jahre Organisator von Tauchtouren auf den Malediven. Gründete 1979 die Tauchbasis Santana Diving auf Phuket Island (Thailand) die er bis zum heutigen Tag leitet.

Erhard Knorr
Geboren genau 10 Jahre nach dem „Barmer Luftangriff" (Hausgeburt in der damaligen Besenbruchstraße – also „en ech'en Ongerbarmer").

Nach Kindergarten und Volksschule Schriftsetzer-Lehre, danach Hand- und Maschinensetzer, Film- und Platten-Produzent (= Reprograph), nebenbei Musiker (u.a. Schlagzeug) – mittlerweile auch Rentner.

F. P. Gunnar Kohleick
1949 zur Geburt in Elberfeld vom Stapel gelaufen. Hernach streng bis zum Führerschein in Unterbarmen untergekommen.
Nach'm Kriech in den verwilderten Gärten und Trümmern aufgewachsen. Volksschule, Bundeswehr, Fachoberschule, Studium Grafik-Design. Zunächst 1986 Freelance, dann eigene B²B-Agentur gegründet. 2002 Ausstieg nach Burnout, macht jetzt nur noch das, was ihm Spaß macht und gesundheitlich funktioniert. Wuppertaler Plattkaller, schreibt u.a. unter dem Pseudonym *Günter van Ongerbarmen*.

Wolfgang Pohlmann
Aufgrund der Wirren des 2. Weltkriegs wurde die Wuppertaler Familie Pohlmann nach Thüringen evakuiert, wo der wackere Wolfgang im Februar 1947 als viertes von zwei Kindern geboren wurde. Nach der damals üblichen Regel machte er mit 14 Jahren eine Ausbildung als Bandweber. Später auf dem zweiten Bildungsweg auch das Abitur, nachdem er eine doofe Nuss mit Abitur kennen gelernt und sich gesagt hatte „Wat der kann, kann ich auch." Sammelt in der Freizeit Gitarren.

Horst Pukallus

... wurde 1949 als Sohn eines ostpreußischen Eisenbiegers geboren. Er machte eine Lehre als Versicherungskaufmann, konnte sich jedoch weder für Geld noch für gute Worte überwinden, sich bei seinen Vorgesetzten einzuschleimen und schlug nach Ableistung des Zivildienstes eine Laufbahn als Autor und Übersetzer von Science Fiction-Romanen und Erzählungen ein, die zwar mit zahlreichen Preisen gekrönt wurde, ihn aber im Gegensatz zu manch anderer stiltauben Lusche nicht zu Bestsellerehren führte. Inzwischen schiebt er eine ruhige Kugel im Wupperaler Luisenviertel.

Uwe Rotter

geb. 1948 in Apolda, gehört zu den wenigen Thüringern, die kein Wort Thüringisch sprechen: Er wuchs nämlich in Wuppertal-Unterbarmen auf, wo seine Eltern auf der Flucht vor Walter Ulbrichts Schergen strandeten. Nach drei frustrierenden Jahren als Galeerensklave bei der Deutschen Bundespost betätigte er sich als Bühnenmagier, Finanzjongleur, Tontechniker und singender Schlagzeuger in New York, London, Toronto, Kapstadt und Ratingen.

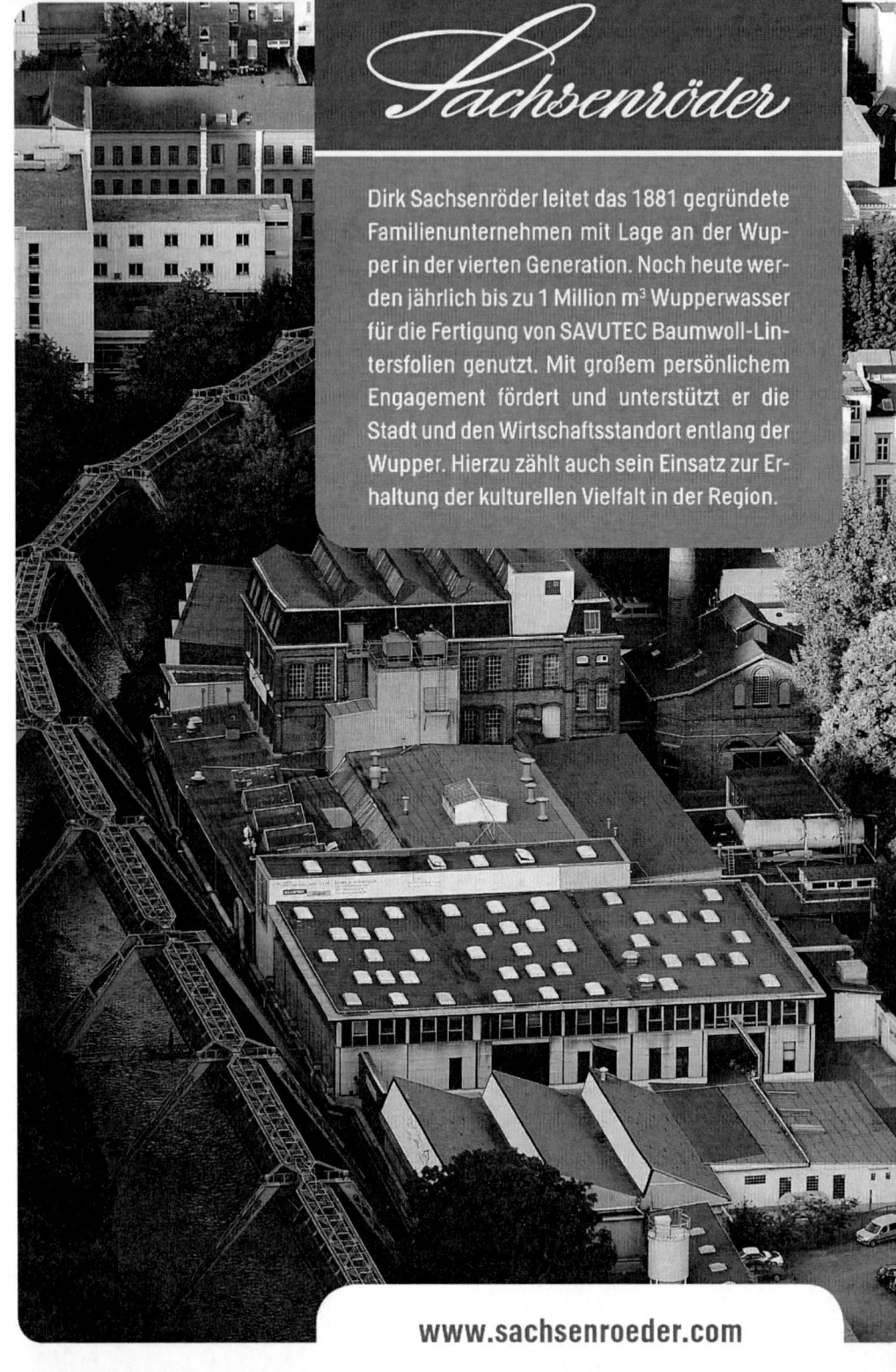

Ihr Loher Lotto-, Toto-, Presse-, Tabakwaren-, WSW-Ticket-, und Postagentur-Lädchen

Inhaberin Annette Perlich

Öffnungszeiten:
Mo - Do 7.00 bis 13.00 und
14.00 bis 18.00 Uhr
Freitags 7.00 bis 18.00 Uhr durchgehend
Samstags 7.00 bis 13.00 Uhr

Telefon 0202-87463
Friedrich-Engels-Allee 298
42285 Wuppertal

HIRSCH-APOTHEKE

seit 1766

Apotheker Kai Kreutzer e.K.

Friedrich-Engels-Allee 284
Tel: 0202-87628
Fax: 0202-899661
www.hirsch-apotheke-wuppertal.de
info@hirsch-apotheke-wuppertal.de

Online bestellt, persönlich gebracht

LEIDENSCHAFT IST DAS BESTE WERKZEUG

STILLER AUGENOPTIK
Inh. Frank Nölle - Loher Str. 1 - 42283 Wuppertal
Tel. 0202-85526 - www.stiller-augenoptik.de

FRISEUR SCHNEIDER

Hier finden Sie unsere Filiale:

Filiale Hagen
Voerder Str. 10
58135 Hagen
Tel.: (02331) 49511

Filiale Sprockhövel
Mittelstr. 30
45549 Sprockhövel
Tel.: (02339) 3978

Filiale Wuppertal
Wittener Str. 98
42279 Wuppertal
Tel.: (0202) 666766

Filiale Iserlohn
Nussbergstr. 80
58638 Iserlohn
Tel.: (02371) 3911015

25 Jahre

facebook www.schneider-friseur.de
Facebook unter: Friseur-Schneid

Lotto-, Tabakladen u. Reisebüro Reinhard Piesker
42277 Wuppertal
Schwarzbach 177 (an der Weiherstraße)
Telefon 0202 - 664589 + 643110
Telefax 0202 - 641370
E-Mail reinhard.piesker@t-online.de

Wir bauen Ihnen die Sonne ans Haus

Herstellerqualifikation nach DIN EN 18800-7

Seit über 10 Jahren sind wir mit dem Schwerpunkt „Nachträgliche Balkonanbauten" in Wuppertal und Umgebung erfolgreich tätig. Ein Balkon ist eine lohnende und überschaubare Investition, die Wohnungen extrem aufwertet und sich auch bei der Vermietung schnell bemerkbar macht. Wir bauen übrigens auch in Hinterhöfen, in denen ein Kran niemals Platz fände.
Doch nicht nur beim Stahlhochbau fühlen wir uns zu Hause: Ob Industrieanlagen und -maschinen, Treppen, Vordächer oder Geländer - überall, wo die professionelle Verarbeitung von Metallen, Glas und Holz gefragt ist, sind Sie bei uns an der richtigen Adresse.

FKW-Metallbau GmbH
Alter Lenneper Weg 40
42289 Wuppertal
Tel.: 0202 / 265 47 70
Fax: 0202 / 26547 63
EMail: fkw-metallbau@t-online.de
www.fkw-metallbau.de

FKW | **Metallbau GmbH**

Der erste Teil der Erinnerungen der Unterbarmer Blagen im Wuppertal der 50er- und 60er-Jahre

**Unterbarmer Blagen –
Aufgewachsen zwischen
Rudi Schuricke und Elvis**
Verlachsgruppe
Ongerbarmer Blagen

– als eBook lieferbar –

http://verlachsgruppeongerbarmerblagen.im-wuppertal.de

Mehr aus der Edition Köndgen:

Charlotte Elling (Text/Illstr.)
Paul Decker (Hrsg.)
**Vertellsches on Vääschkes
uttem Wopperdal**
Utte Kengertiet om Goldberg
en Barmen 1925–1938
ISBN 978-3-939843-62-7
€ 12,95

André Wiesler (Hrsg.)
**Vom Leben und Weben
in Wuppertal**
Noch mehr Geschichten aus
jedem Blickwinkel der Stadt
ISBN 978-3-939843-66-5
€ 14,50

Geschichtswerkstatt d. Berg.
VHS (Hrsg.)
Fingerhüte aus Trümmern
Erinnerungen an das Kriegs-
ende 1945 in Wuppertal
ISBN 978-3-939843-48-1
€ 18,95

Wolfgang Winkelsen
Klaus J. Burandt
**Liebenswerte und andere
Wuppertaler Originale**
ISBN 978-3-939843-63-4
€ 19,95

Verlag Edition Köndgen
Werth 94
42275 Wuppertal
Tel.: 0202 – 248 00 66
Fax: 0202 – 248 00 99
verlag@edition-koendgen.de
www.edition-koendgen.de